YMCA 인물 콘서트

인물총서6

Y와 사회를 일군 사람들

YMCA 인물 콘서트

이상재 김정식 이만집 이대위 최흥종
조만식 신흥우 유영모 이순기 김원벽

엮은이 서울YMCA

한국기독교역사연구소

책을 펴내며

“인물을 통해 그 시대 읽는다”는 말이 있다. 시대현상을 극복하는 시대정신의 주체가 사람이기 때문이다. 그래서 우리는 한 시대를 끌어안고 살다 간 선배들의 삶을 보며 시대를 읽고 나아가 오늘을 지혜롭게 살아낼 수 있는 용기와 희망을 발견하곤 한다.

그런 의미에서 한국사회 굴곡마다 그 현장을 묵묵히 지켜온 거목인 YMCA는 영욕의 한국 근현대사를 돌이켜 보는 데 손색이 없는 하나의 큰 인물로 볼 수 있겠다. YMCA에 속해 각지에서 시대의 희망을 일구어 온 인물들의 소중한 삶이 녹아 있기 때문이다.

이 책에서는 일제 강점기 YMCA 평화정신을 구현하며 한국사회의 어두운 그늘을 보듬어온 10인의 인물을 통해 한국의 시대정신을 읽고자 했다. 더불어 필요한 어떤 사람에게는 (젊은이, YMCA 간사, 시민운동가, 기독인 등) 이 책의 글귀가 한줄기 희망과 용기를 보여 주는 작은 이정표가 되기를 바라는 마음으로 원고를 모으고 엮었다.

부디 우리의 진심이 이 책을 접하는 모든 이의 마음속에 가 닿기를 바라마지 않는다.

이 책은 서울YMCA 110주년을 기념해 서울YMCA와 한국기독교역사연구소가 공동으로 기획한 YMCA 인물사 강좌에서 다룬 10인의 강연 원고를 다듬은 것임을 밝혀둔다. 더불어 귀중한 연구를 발표해주신 선생님들과 이 책이 세상에 나오기까지 애써주신 한국기독교역사연구소의 장규식 교수님, 이순자 박사님, 신앙과지성사 최병천 대표님을 비롯해 서울YMCA 신종원 본부장님의 수고에 감사의 마음을 전한다.

서울YMCA 회장 **안 창 원**

한국기독교역사연구소 소장 **이 덕 주**

차례
연대기순

YMCA

제1장

새롭게 음미해보는

월남 이상재의 생애와 정신적 유산

윤경로 명예교수
(한성대학교 역사문화학부)

이상재 1850~1927

새롭게 음미해보는 월남 이상재의 생애와 정신적 유산

머리말

작금 우리 시민사회에 원로(元老)가 없다는 소리가 심심치 않게 들린다. 과거에 비해 인물도 많고 나이 지긋한 분들도 차고 넘치는데 존경할 만한 '어른'을 꼽으라 하면 쉽게 떠오르는 '어른'이 없다는 것이다. 유감스러운 일이 아닐 수 없다. 필자는 예수를 믿은 이후 사람을 존경하지 않는다는 나름대로의 가치를 세운 바 있지만 어린 시절과 젊은이들에게는 '선한 의미의 우상'이 없다면 이는 매우 불행한 일이라고 생각한다. 다시 말해 앞날의 삶에 표상으로 삼을 만한 '큰 바위 얼굴' 같은 인물상을 가슴에 품고 미래의 희망을 꿈꾸는 젊은이들이 많은 나라와 사회가 보다 소망스럽고 밝은 내일을 약속해 줄 수 있을 것이다.

이 글은 이러한 이 땅의 젊은이들, 특히 기독교적 정체성(identity)을 지닌 크리스천 학생과 청년들에게 '선한 의미의 우상'의 한 분으로 월남(月南) 이상재(李商在) 선생을 소개해보려는 데 목적이 있다. 그분은 어떤 분이셨고 특히 그분이 오늘을 살아가는 우리 젊은이들에게 주는 정신적 유산(遺産)은 무엇인지에 대해 진솔하게 소개해보기로 한다.

박정양의 문하생으로 개화활동

월남 이상재 선생을 안다는 사람들이 그분을 매우 최근의 인물로 착각하고 있는 사례를 자주 접한다. 그만큼 많이 알려져 있을 뿐만 아니라 친근감을 갖고 있는 데서 오는 자연스러운 현상인 듯하다. 그러나 실제 월남 선생은 구한말에 태어나 대한제국기와 일제 강점기를 거친 역사적 인물 중의 한 분이다. 그는 1850년 10월 26일, 충청남도 서천군 한산면 종지리에서 아버님 이희택 공과 어머님 밀양 박씨 사이에 장남으로 태어났다. 그가 태어났던 동시기 유명 인사를 들어보면 개화파의 거두인 김옥균(1851)을 비롯한 유길준(1851), 홍영식(1855), 서광범(1859) 등이 동년배였고, 박영효(1861), 손병희(1861), 서재필(1864), 윤치호(1865) 등 10여살 적은 개화파 인물들과 이승만(1875), 김구(1876), 안창호(1878) 등과는 20여살 넘게 차이가 나지만 월남은 이들과 평생을 함께하였다. 이승만, 김구, 안창호 등과 동년배로 착각하는 것은 이러한 연유에서라 하겠다.

월남 이상재가 태어난 1850년은 이른바 세도정치(1801~1863, 순종·헌종·철종 3대 60년간) 2기가 시작되는 철종원년(哲宗 元年)에 해당한다. 정치사회적으로 매우 혼란스럽고 문란했던 어두운 시기였다. 그것도 공교롭게 60년 뒤 경술국치(庚戌國恥)와 같은 경술년(庚戌年) 그해에 태어났으니, 향후 그의 전 생애의 삶이 평탄치 않음을 암시해주는 듯하다.

15세 되던 1864년 고향 한산(韓山)에서 한문을 공부하던 중 당시 풍습에 따라 강릉 유씨와 결혼하였다. 결혼하던 그해 부친이 송사에 얽혀 옥살이를 하게 되자 어린 월남은 부친 대신 옥살이를 하면서 군수에게 사흘 밤낮을 읍소(泣訴)한 끝에 부친을 풀려나게 한 일이 있었다고 한다(安在鴻, 月南先生 本傳). 인물의 됨됨이는 "떡잎 때부터 알아본다"는 말이 바로 어린 시절 월남의 경우를 두고 하는 말이다.

그러나 그의 사회 진출은 그렇게 쉽게 이루어지지 않았다. 1867년(18세) 과거에 응시했으나 낙방하였다. 당시 과거제도는 매우 불공정했기에 당연한 결과였다. 실의에 빠져 있던 그에게 기회가 찾아왔다. 평소부터 월남의 됨됨이를 아끼던 친지의 안내로 죽천(竹泉) 박정양(朴定陽)에게 소개되어 이후 13년간 함께 하면서 그의 문하생으로 정치, 사회적 경륜을 쌓게 되었다.

박정양(1841~1904)은 대표적인 개화파 인물로 개화기 학부, 탁지부, 내부대신, 내각총리대신까지 지낸 개화관료 출신이다. 그러나 그의 사상은 존왕적(尊王的) 군주주의를 신봉하며 유교적 정치제도와 전통문화를 유지하면서 개화정책을 펼치려 한 동도서기론적(東道西器論的) 입장을 취한 온건개화파 인물이었다. 이러한 거물급 개화인사인 박정양의 문하생이 된 청년 월남에게 결정적인 기회가 찾아왔다.

그의 나이 32세가 되던 1881년 1월 박정양을 수행하여 일본 조사시찰단(朝士視察團) 일원으로 4개월간 일본을 시찰할 수 있는 기회가 주어진 것이다. 흔히 '신사유람단'이라 불리는 이 시찰단의 수행원 자격으로 명치유신 이후 근대사회로 진입한 일본의 근대문물을 돌아볼 수 있는 쉽지 않은 기회가 주어진 것이다. 뿐만 아니다. 1887년 6월 박정양이 초대 주미전권공사(駐美全權公使)로 미국에 갈 때 월남 또한 1등 서기관 자격으로

1년간 미국의 신문명을 견문할 수 있는 기회를 얻기도 했다. 그러나 미국생활은 오래가지 못했다. 그 이유는 이러했다.

박정양이 1887년 미국공사로 부임하기에 앞서 임오군란(1882)과 갑신정변(1884) 이후 청국의 내정간섭이 매우 심했다. 특히 청군 주둔 사령관으로 당시 매사를 전횡하던 위안스카이(遠世凱)는 미국공사 박정양에게 이른바 '영약삼단(另約三端)'을 강요했다. 즉 '조선국 외교사절은 ① 주재국에 도착하면 먼저 청국 공사를 찾아가 그의 안내로 주재국 외무성에 간다. ② 대한제국 공사는 회의나 연회석상에서 청국 공사 밑의 자리에 앉는다. ③ 대한제국 공사는 중대 사건이 있을 때는 반드시 청국 공사와 사전 협의한다'는 내용이었다. 자주독립국으로서는 도저히 받아들일 수 없는 것이었다. 따라서 박정양은 이를 무시하고 미국에서 독자적인 외교를 펼쳐나갔다. 결국 이 일로 박정양 공사는 부임 1년 만에 귀국해야 했다. 말하자면 소환당한 것이다. 이때 월남도 함께 귀국해야만 했다.

다행히도 박정양은 귀국 후에도 관직을 계속하였고 월남 또한 그를 보좌하며 전원국(典圜局) 의원, 군국기무처(軍國機務處) 승지원우부승지(承政院右副承旨) 겸 경연각(經筵閣) 참판, 학부 아문참의(衙門參議), 학무국장 겸 외국어학교 교장 등 다양한 관직생활을 계속할 수 있었다. 당시 박정양과 이상재의 개화사상과 개화정책은 일본보다 미국식 개화민주독립국가 건설을 구상했던 것으로 보이는데 그 구체적인 활동과 정책 및 사상 면면을 살펴보면 다음과 같다.

조사시찰단 수행원으로 도일, 초대 주미공사관 서기관

앞서 언급했듯 월남은 32세 되던 1881년 박정양, 홍영식(洪英植), 어윤중(魚允中) 등의 조사시찰단의 박정양 수원(隨員) 자격으로 일본에 건너가 4개월간 체류, 명치유신 이후 일본의 근대화 과정을 돌아보고 귀국한 후 정부에서 추진하기 시작한 근대화 추진사업에 참여했다. 그가 35세 되던 해(1884) 우정총국(지금의 우체국)이 개설되자 그 책임자가 된 홍영식의 추천으로 주사가 되어 인천 우정국에서 근무하였다. 그러나 그해 12월 개화파 인사들에 의한 갑신정변(甲申政變)의 실패로 자진 사퇴하지 않을 수 없어 사직하고 고향으로 낙향하였다.

1887년(38세) 박정양의 요청으로 다시 상경하여 친군영(지금의 서울 주둔 군부대)의 문서와 금전출납을 맡아보는 '문안(文案)'이란 관직을 맡고 있었다. 그러던 중 그해 6월 박정양이 초대 주미공사로 임명됨에 따라 그의 추천으로 1등 서기관 자격으로 도미하는 행운이 찾아왔다. 당시 미국을 간다는 것은 꿈에서나 가능했던 일이었으니 그로서는 행운이 아닐 수 없었다. 이제 외교활동가로 활약은 물론 그의 세계관에 일대 큰 변화가 주어질 기회가 온 것이었다.

그러나 앞서 언급한 대로 청나라의 간섭을 물리치고 자주외교를 펼치다가, 결국 청나라의 압력에 의해 정부로부터 소환령을 받고 1년 만에 귀국해야 했다. 여기서 당시 한미 간의 정치 외교적 관계를 새삼 논의하는 것은 별반 새로울 것이 없어 보인다. 따라서 월남이 미국에 1년간 외교관으로 머물며 직간접으로 체험한 에피소드 몇 가지를 월남 자신이 남긴 글에서 발췌하여 소개하기로 한다. 1926년 〈별곤건〉(別棍坤) 12월호에 이상재 체미회고담(滯美回顧談) : 「상투에 갓 쓰고 미국에 공사 갔던 이야기」라는 기고문이 전해지고 있어 내용 중 일부를 소개하기로 한다.

* 도처(到處)에 흔날리는 태극기(太極旗) *

상투잡이, 공사의 일행인 우리가 떠날 때에 공사관에 게양할 조선국기를 미리 예비한 것은 물론이어니와 우리가 타고 가는 기선 중에도 좌상에 국기를 꼬잣섯는데 눈치빠른 선주는 벌서 우리 국기를 준비하야 식당이나 우리 출입하는 문구에다 게양하고 또 미국에 상륙할 시에도 부두, 정차장, 차내, 호텔까지 우리 국기를 게양하야 환영의 의를 표하엿섯다. 도처에 조선국기를 볼 때에 반갑기도 하려니와 미국인의 외교술이 발달된 것도 감복하엿섯다.

* 도로의 미국인들은 중국인으로 짐작 *

그때에도 중국사람은 30여만이나 미국에 가서 잇슴으로 동양사람이 가면 처음 보는 미국사람들은 의례로 중국사람으로 알엇다. 기중에도 우리 일행은 다 머리를 깍지안코 또 의복이 중국복과 비슷한 까닭에 연로(沿路)의 미국사람들은 우리를 중국사람으로만 알고 떼를지여 쫏차다니면서 "좌이나-좌이나" 하엿다.

* 공사를 보고 여자로 대접 *

기중에도 우수운 것은 미국인 중의 시골사람들은 감히 공사 일행인 우리를 가르처서 동양 엇던 나라의 여자라고 하는 것이엿다. 그것은 다른 까닭이 안이라 미국의 여자는 실내에서도 모자를 흔이 쓰고 잇고 또 의복도

사치스러운 비단옷을 입으며 수염도 간혹 잇는 여자가 잇는데 우리 일행은 실내에서 갓을 쓰고 잇고 또 입은 의복이 대개 조흔 비단이오. '동다리'의 관복이 울읏붉읏하야 여자의 의복가티 뵈이고 또 일행 중에 수염 만흔 사람이 별로 업스며 혹 잇다 하야도 미국여자의 수염만도 못한 까닭이엿다. 그리하야 우리를 대할 때에도 예의범절을 똑 자국의 부인을 대하는 것과 가티하는 일이 만핫섯다. 지금에 그 생각을 하야도 참으로 요절할 일이 만핫섯다.

* 연회석의 세 가지 특색 *

당시 미국에 주재하는 외국의 공사는 모다 41개국이나 되는데 엇던 연회장에 모딀때 보면 대개는 양복을 입고 머리를 깍것스나 중국사람은 례(例)의 도야지 꽁지가튼 머리에다 마래기를 쓰고 장유의 주의를 입엇스며 터키(土耳其) 사람들은 상첨(上尖)한 모자를 썻는 고로 조선공사가 지녀어 이 삼국인의 복색은 엇던 연회나 집회석에 이채(異彩)요 특색이엿는데 그 중에도 머리 우에 상투를 가진 것으로나 복색이 찬란하고 색스러운 것으로나 진중의 진이엿다.

* 엉뚱한 중국 공사 *

대륙성인 중국인은 누구나 교제하기가 곤란하다는 것은 세계에 정평이 잇는 것이지마는 기시 조선과는 자래 정치적 관계가 복잡한 까닭에 국제적 교섭에 더욱 곤란한 일이 만핫섯다. 즉 중국은 항상 조선의 내치외교는 조선이 자주한다는 말을 세계에 공언하면서 내심으로는 의연히 자국의 속방으로 생각하고 또 자존자대의 사상이 만튼 까닭에 조선이 외국과 직접 교제하는 것을 조치 안케 생각하야 최초 조선에서 외국에 공사를 파견할 시에도 여러 가지의 방해를 하야 곤란이 다대하얏고 또 공사가 미국에 간 뒤에도 중국 공사는 조선 사신에게 요구하기를 외국 공사와 교제할 때에는 자기와 먼저 의논한 후 교제를 하고 또 미국 외무성을 방문하는 데도 자기의 안내로 하라고 하얏다.
그러나 박 공사는 그의 무리함을 단연히 거절하고 당당히 단독으로 교제를 함으로 중국 공사는 항상 조선 공사에 대하야 불평 불만의 기색을 가지고 잇섯다.

* 기괴한 미국신문의 악선전 *
이와 가티 중미인간의 감정이 좃치 못한 까닭에 미국의 엇던 대 신문은 중국인의 악선전을 하기 위하야 근거업는 허위의 기사를 만히 냇섯다. 그 중에 예를 드러 말하면 조선 공사와 중국 공사와 자전차 경주를 하는데 중국 공사는 불과 몇 회에 낙상을 하얏느니 또 중국 공사는 도로에서 미국여자의 손을 먼저 잡엇느니 하는 등의 말이엇다. 그러나 그것은 전연 그짓말이다. 박 공사는 원래 지대체하고 점잔은 양반일 뿐 안이라 중국 공사와 자전차를 가티 만저본 일도 업고 기시 중국 공사의 장응환(張曆煥)이라 하는 이도 역시 당당한 신진의 인물로 교제와 수완이 상당하야 결코 외국인에게 견모할 짓은 안이 하엿섯든 것은 물론이다.

* 반벙어리의 교제 *
지금은 미국의 유학생도 만코 따러서 영어 잘하는 사람도 만치마는 그때만 하야도 영어가 퍽은 귀햇섯다. 번역관이라 하는 이도 기시 외무아문에

서 불과 1년 공부에 지나지 못하야 간신이 쉬운 말이나 할 뿐이라. 미인과 국제교제를 할 때에는 미국인으로 조선에 와서 의사 노릇하든 모씨와 가티 통역을 하얏는데 그도 역시 조선어가 불충분하야 항상 교제할 때면 미국 반벙어리와 조선 반벙어리가 서로 절장보단 하야 의사를 소통하게 되엿다. 그럼으로 잇다금 우수운 일도 만히 잇섯다.

지금부터 130여 년 전의 일이니 격세지감이 없을 수 없지만 아무튼 첫 미국 주재 외교관으로 현지에 부임하여 듣고 보고 경험한 그때의 에피소드는 그야말로 '상투에 갓 쓰고 미국에 공사로 갔던 이야기'가 되었다. 그러나 그 옛 이야기 속에서 우리는 소중한 역사의 교훈을 얻을 수 있음은 물론이다.

독립협회 설립과 만민공동회 활동

미국에서 돌아온 후 한동안 쉬었으나 1892년(43세) 새로운 통화정책이 시행됨에 따라 전환국(지금의 조폐공사)이 인천에 설립되자 그 위원으로 활동하다가 1894년(45세) 동학혁명이 일어났다. 이때 새로운 군국기무처(軍國機務處)가 설치되면서 월남은 승정원 우부승지 겸 경연각 참찬이란 관직에까지 올랐다. 그 뒤 박정양이 학무대신이 되자 선생은 학무아문 참의와 학무국장을 겸했고 이어 외국어학교가 설립되자 그 교장직도 겸하는 등 개화운동 추진사업 일선에서 활동하였다. 그러나 그해 부친이 별세하자 당시 풍습에 따라 모든 관직을 내놓고 고향으로 내려가 은거활동을 했다.

1895년(46세) 다시 상경하여 학부참서관 및 법부참서관이 되었는데 그해 일본인 낭인들에 의해 명성황후(明成皇后)가 시해되는 참사(乙未事變)가 일어났고 그 이듬해(1896) 고종의 아관파천(俄館播遷) 사건 이후 월남은 중추원 일등의관이 되어 탐관오리 및 부정부패를 막으며 국왕을 보필하였다. 한편 그해 4월 7일, 서재필이 국내 온건개화파와 합작하여 〈독립신문〉을 창간하자, 월남은 서재필, 윤치호, 남궁억(南宮檍) 등과 함께 독립협회 창립에 참여하였다. 독립협회 사업으로 영은문(迎恩門)을 헐고 독립문(獨立門) 건립(11월 21일 정초식을 거행하여 1897년 11월 21일 준공), 모화관을 개정하여 독립관 건립(1897년 5월 23일 완공), 독립공원 건립 등의 일에 참여했다. 그리고 그다음 해(1897) 8월에 연호가 광무(光武)로, 10월에는 고종이 대군주로부터 황제(皇帝)로 승격됨과 동시에 국호가 대한제국(大韓帝國)으로 바뀌었다.

한편 독립협회는 이후 독립관에서 정기적인 '토론회'를 개최하였는데 이때 월남은 독립협회의 지명 토론자로 활동하였다. 이후 독립협회는 '중추원 개편안'을 골자로 한 '의회설립안'을 제출하는 등 현실 정치문제에 깊이 개입하면서 종국에는 해산당하는 결과를 가져왔다. 이 중 대표적인 사건의 하나가 1898년 '대통령, 박정양 벽보 사건'이다. 1898년 11월 의정부 찬정 조병식(趙秉式) 등이 익명으로 벽보를 붙인 사건인데 벽보 내용인즉 "大統領(대통령)에 朴定陽(박정양), 副統領(부통령)에 尹致昊(윤치호), 內務大臣(내무대신)에 李商在(이상재), 外務大臣(외무대신)에 鄭喬(정교), 그밖에 독립협회의 저명한 인물들을 각부대신과 협판에 임명한다"는 무고한 벽보가 붙었다. 말하자면 독립협회 세력이 군주제(君主制)

를 폐지하고 공화제(共和制)로 하려 한다는 '괴벽보 사건'에 박정양은 물론 월남이 오늘의 내무부 장관에 거론되는 사건이 터진 것이다. 이 사건은 조병식, 홍종우(洪鍾宇), 길영수(吉泳洙) 등 어용단체인 황국협회(皇國協會) 측에서 조작한 거짓 사건이었지만 이 사건으로 결국 독립협회가 해산당하고 말았다.

'정부전복음모사건'과 기독교 입교

'박정양 대통령 괴벽보 사건'과 만민공동회 사건 이후 독립협회가 해산당했지만 정치운동은 이후에도 계속되었다. 그중 1902년 6월 민영환(閔泳煥)을 회장, 박정양을 부회장으로 한 '조선협회(朝鮮協會)'가 결성되었는데 이들이 일본망명자들과 모의하여 정부를 전복하려 했다는 혐

한성감옥에 수감 중 옥중동지들과 함께 : 사진 오른쪽에서 앞줄 두 번째가 이상재, 맨 왼쪽 포승에 묶인 이가 이승만(1903)

의를 받아 전원 구속되는 사건이 있었다. 월남 역시 이때 둘째 아들 승인(承仁)과 함께 구금되어 가혹한 고문을 당한 후 3년간 옥고를 치러야 했다.

옥중 생활 1년차인 1903년 당시 재한선교사들이 차입해주는 기독교 서적과 성경을 읽으며 기독교에 입교하였다. 그때 가장 감동받은 성경구절이 마태복음에 있는 산상수훈과 요한계시록 23장 1~8절 말씀이었다고 한다.

> "또 내가 새 하늘과 새 땅을 보니 …… 하나님이 저희와 함께 거하시리니 저희는 하나님의 백성이 되고 …… 모든 눈물을 씻기시매 다시 사망이 없고 처음 것들이 다 지나 갔음이러라 …… 내가 생명수 샘물로 목마른 자에게 값없이 주리라. 나는 저희 하나님이 되고 그는 내 아들이 되리라" (요한계시록 23:1~8)

1904년 러일전쟁이 발발하자 정부는 국사범 일부를 석방했는데 이때 출옥한 월남은 동지들과 함께 연동교회에 출석, 입교한 후 동시에 황성기독교청년회(현 서울YMCA의 전신)에 가입하면서 본격적인 YMCA 운동에 참여하게 되었다. 이때 그의 나이 56세로 장년을 지나 노년기에 해당되지만 이때부터 그는 황성기독교청년회에 깊이 관계하기 시작하여 '영원한 청년 이상재'로의 새로운 인생을 시작하게 되었다. 1908년 3월 YMCA 종교부장 겸 교육부장을 맡으면서 이후 일생 동안 YMCA와 함께 하였다.

야인으로 기독교청년회 활동에 전념

1905년(56세) 러일전쟁이 일본의 승리로 끝나자 일본은 그 여세를 몰아 강제로 을사조약을 늑결시켰다. 이때 월남은 의정부 참찬의 관직을 갖고 있었으나 이후 사직하고 YMCA 활동에 진력하여 YMCA 교육부 위원장으로 활동하였다. 1907년(58세) 부인 유씨와 장자 승윤이 작고했는데 이즈음 정부로부터 법부대신의 자리를 교섭받았지만 나아가지 않았다. 그 이듬해(1908) 수안군수로 있던 둘째 아들 승인이 또한 세상을 떠나자, 월남은 망국의 한과 겹쳐 가족까지 잃게 된 슬픔을 이기지 못해 자결하려는 결심을 하기까지 했다. 그러나 주위의 간곡한 만류로 마음을 돌이키고, 새로 회관을 짓고 입주한 YMCA의 종교부 총무를 맡으면서 YMCA 운동에 진력하였다.

본격적인 월남의 YMCA 운동은 1910년(60세) 제1회 전국 기독학생회 하령회를 조직하여 새로운 학생운동을 일으키는 일로 시작했다. 마침

이상재가 주도한 YMCA 성경공부 모임의 참여인파 : 가운데 문 앞에 질레트, 이승만의 모습이 보인다(1907)

국내 청년수련회의 시작인 제1회 하령회(1910. 6. 22~27. 진관사)

YMCA 야구경기에서 시구하는 이상재(1923)

미국에 망명 중이던 이승만을 불러들여 학생부 간사로 임명하여 YMCA 운동에 활기를 불러일으켰다. 그해 10월 26일은 마침 회갑을 맞는 해이기도 했다. 그러나 1910년 8월 국권이 일제에 의해 강점된 '경술국치'의 해였기에 주위의 강권에도 회갑잔치를 하지 못하도록 엄명을 내렸다.

이 시기 불행은 계속되었다. 1911년(61세) 셋째 아들 승간(承侃)마저 곁을 영원히 떠나고 말았다. 설상가상으로 일제 총독부는 국내 기독교 지도자들을 탄압하기 위해 이른바 '데라우치 총독(寺內正毅總督) 암살음모사건(105인 사건)'을 조작하여 기독교계 지도자들을 대거 검거하였다. 이 사건에 월남이 관련되지 않았던 것은 이때 셋째 아들의 장례일로 고향 한산에 내려가 있어 화를 면했다고 한다.

105인 사건은 결국 YMCA에도 불똥이 튀었다. 당시 YMCA 총무 질레트(P. L. Gillett)가 이 사건에 연루된 혐의를 받아 국외로 추방되고 말았다. 이후 그의 후임문제를 놓고 혼선이 있었는데 이때 총독부 측의 매수공작과 변절한 김린(金麟)을 중심한 유신회(維新會)가 주동이 되어 YMCA를 일제에 예속시키려는 대대적인 공작이 있었다. 이 파괴공작을 앞장서서 막은 분이 또한 월남이었다.

이밖에도 이즈음 조선중앙YMCA를 비롯하여 재일한국YMCA, 그리고 경신, 배재, 전주의 신흥, 광주의 숭일 등 8개 학생YMCA와 함께 도합 10개 YMCA를 규합하여 조선기독교청년회 연합회를 조직한 장본인도 월남이었다. 그 결과 1916년 65세의 나이에 월남은 조선중앙기독교청년회의 명예총무로서 사실상 한국YMCA를 대표하는 인물로 우뚝 섰다. 1919년 일제의 무단정치하에서 비밀리에 기독교, 천도교, 불교 지도자들과 만나며, 3·1만세운동을 배후에서 준비하는 한편 일요강화, 강연회 등을 통하여 청년지사들을 규합한 지도력 또한 월남 이상재였다.

3·1운동과 북경 세계기독학생연맹(WSCF) 대회 참가

1919년 3·1운동이 일어나던 해의 월남은 나이 70세로 당시 우리 사회를 대표하는 명실상부한 원로였다. 그런데 민족대표 명단에서 그의 이름을 찾을 수 없다. 왜 빠졌을까? 3·1운동 피의자들에 대한 취조 때 "중앙기독교청년회의 종교부 총무 이상재가 독립운동의 수령이었는데 어찌하여 명의를 내지 않았는가"라는 내용이 있다. 훗날 이에 대한 증언으로 이규갑(李奎甲)은 "다만 그는 일본정부와 담판하게 될 때 그를 내세우기 위하여 아꼈다"고 증언하고 있듯 만세 사건 이후의 후사를 도모하기 위해 월남을 2선으로 아껴두었다는 것이다. 이러한 관점에서 볼 때 민족대표 33인의 면모를 살펴보면 이들은 당시 천도교계, 기독교계, 불교계 일선에서 활동하고 있던 교역자와 장로급 인사들이 주를 이루고 있다. 다시 말해 정치성을 띤 인물, 과거 정치적 문제 등에 연루되어 옥고를 치르는 등 정치적 활동을 했던 인사들은 제외되었던 것 같다. 박영효, 윤치호 등 거물급 인사들이 빠진 것과 같이 월남의 경우도 후사를 도모하기 위한 방편과 무관하지만은 않아 보인다.

그러나 월남은 33인 대표 명단에는 들어가 있지 않았지만 사회원로로서 배후에서 활동하였던 것은 사실이다. 만세운동 이후 배후인물로 지목, 검거되어 3개월간 옥고를 치러야 했음은 이 점을 잘 시사해준다. 한편 1920년 8월 24일 3·1운동에 대한 일제의 탄압 실상을 조사하기 위한 목적으로 미국 국회의원 49명이 내한한 일이 있었다. 그러나 일제의 집요한 방해공작으로 소기의 목적을 달성할 수 없었다. 이때 조사단 일행을 환영한다는 명분으로 남대문에서 그들이 머물던 조선호텔 연도에 1만여 명의 환영과 시위인파가 몰려들었고 의주·개성지방에서도 대대적인 시위가 있었지만 그 결과는 기대에 미치지 못했다. 월남은 이때 이러한 환영, 시위대를 지휘하는 일선에 서 있었다. 월남은 바로 그해에 조선기독교청년회 연합회 회장으로 추대됨과 동시에 조선중앙기독교청년회의 고문으로 추대되어 한국YMCA를 대표하는 원로로서 자리매김을 하고 있었다.

이즈음 한국YMCA를 대표하는 원로로서의 대표적인 해외 활동으로 1922년(73세) 중국 북경에서 열린 세계기독학생연맹(WSCF) 세계대회 참석을 들 수 있다. 동년 4월 4일부터 9일까지 북경에서 열린 이 대회에 월남은 신흥우, 이대위, 김필례, 김활란 등을 인솔하고 참석, 일본 기독교 지도자들과 대좌하여 조선기독교청년회의 독립을 주장하여 이를 관철시키는 개가를 올렸다. 다시 말해 정치적으로 일본에 속방되어 있는 처지지만 한국YMCA는 일본YMCA와 별개로 세계YMCA에 독자적으로 가맹할 수 있는 독립권을 인정받는 큰 성과를 올렸던 것이다.

그런데 북경대회 때 월남과 관련된 이러한 일이 있었다. 3·1운동 이후 상해에 대한민국 임시정부가 수립되었음은 우리 모두가 잘 아는 일이다. 상해 임정이 수립되는 과정에 오늘날의 국회에 해당하는 의정원을 먼저 개설했고 초대 의정원장으로 선임된 인사가 손정도(孫貞道) 목사였다. 그리고 몽양(夢陽) 여운형(呂運亨) 또한 상해에서 교민회를 조직하고 임정 일을 돕고 있던 때였다. 그때 두 사람은 월남이 북경에서 열리는 세계기독학생연맹(WSCF) 세계대회에 한국대표단을 이끌고 참석한다는 소식을 접하게 되었다. 그러자 두 사람은 서둘러 북경으로 달려와 월남을 만났다. 그리고 "선생님! 귀국하지 말고 상해로 가 혼란한 임시정부를 수습해 주십시오"라고 간곡하게 요청했다고 한다. 당시 상해 임정 초기 내부 갈등과 대립이 매우 심했다. 누군가 이를 잡아줄 원로가 절실하게 필요했다. 그래서 손정도와 몽양이 달려와 월남에게 간청한 것이다. 그러나 월남은 이렇게 대답했다고 한다.

"나까지 조국을 떠나가면 조선 안의 동포들이 불쌍하지 않소? 해외에 있는 동포들은 서로 잘 의논해서 하고 조선 안에서는 조선 안의 동포들이 잘 의논해서 해야 할 것이 아니오"라고 하며 완곡하게 거절했다고 한다.

당시 난마모양 얽혀 있던 상해 임정 상황을 볼 때 월남이 나섰다고 풀릴 수 있었다고 보기는 어렵지만 아무튼 월남은 그 당시 우리 사회를 대표하는 흔치 않은 원로의 한 분이었음은 틀림없는 사실이었다. 북경에서 귀국한 월남은 김필례(金弼禮), 김활란(金活蘭) 등과 함께 한국YWCA 발전의 기틀을 마련하는 한편 '조선민립대학기성회'를 결성, 준비위원장을 맡아 1923년(74세) 3월, 조선민립대학기성회 발기총회를 YMCA 회관에서 개최하는 등 다양한 활동을 추진해 나갔다. 이밖에도 1924년 소년척후단(지금의 보이스카우트연맹)의 초대 총재로 추대되었고 이해부터 물산장려운동, 절제운동, 지방전도운동, 창문사운동 등 1920년대를 대표하는 이른바 개량주의운동을 진두지휘하는 데 앞장섰다.

조선일보 사장 취임과 신간회 회장

1920년대 들어 월남의 사회적 명성과 원로로서의 비중은 더욱 높아갔다. 1924년(75세) 9월 조선일보사 사장으로 추대되었음은 이 점을 잘 시사해준다. 1920년 3월 〈조선일보〉 창간 때만 해도 〈조선일보〉는 민족지로서의 성격이 강하지 못했다. 〈조선일보〉의 창간 주최가 친일경제단체인 대정실업친목회(大正實業親睦會)로 출발했기 때문에 친일적인 성격이 강하다는 세간의 평을 받고 있었다. 그러던 것이 1924년 월남이 사장에 취임하면서 점차 민족지로서 면모를 갖추어 나가기 시작했다. 취임 1년 되던 1925년 4월 천도교회당에서 열린 제1회 전국기자대회가 하나의 전기가 되었다. 이 대회에서 월남은 "죽어가는 조선을 붓으로 그려 보자", "거듭나는 조선을 붓으로 채질하자"는 기치를 내걸고 과거 어용적인 〈조선일보〉의 이미지를 털어내는, 다시 말해 민족지로서 〈조선일보〉의 새로운 위상을 정립하는 지도력을 발휘했던 것이다. 이러한 그의 지도력과 명망이 신간회 창립으로 이어지게 되었다.

당대 한국사회를 대표하는 원로로서 월남의 마지막 활동은 신간회(新幹會) 창립과 초대 회장을 맡은 일이다. 1927년 2월 15일, 민족의 단일전선을 결성하여 공동의 적 일본과 투쟁할 것을 목표로 조직된 비타협적 정치사회단체인 신간회의 회장으로 추대되었던 것이다. 그러나 이때 월남은 이미 병석에 누워 있는 상태였다. 결국 그해 3월 29일, 78세를 일기로 재동 자택에서 하늘의 부름을 받았다. 동년 4월 7일, 사회장으로 한산 선영에 모셔졌다.

사회장 거행과 월남이 남긴 정신적 유산

1927년 4월 7일 한국 최초의 사회장으로 거행된 이날 장례식의 참여자는 무려 40여만 명에 이르렀다고 한다. 그만큼 월남 선생의 서거를 애도하는 국민적 슬픔이 대단했음을 웅변적으로 말해준다 하겠다. 월남이 서거한 지 30년을 맞는 1957년 이승만 초대대통령의 특별 지시에 따라 선향 한산에 모셔진 선생의 묘소를 경기도 양주군 장흥면 삼하리로 옮기고 강릉 유씨부인과 합장하였다. 이승만 대통령은 젊은 시절 자신의 옥바라지는 물론 도미 후에도 학비와 생활비 등을 보내준 잊을 수 없는 은인이자, 선생에게 대통령으로서 그가 할 수 있는 예의를 다하고 싶었을 것이다. 경기도로 옮긴 묘에 묘지명 또한 예우를 다 갖추었으니 깊은 뜻이 담겨 있는 '이선생상재지묘(李先生商在之墓)'라 하였다. 묘지명에 '선생(先生)'이라는 말을 사용하는 것은 그렇게 흔한 것이 아니다. 이밖에도 정부에서는 1962년 월남에게 건국훈장 대통령장을 추서하는 예의를 갖추기도 했다.

이후 1984년 12월 13일, 사회저명인사 300여 명이 참석한 가운데 월남 이상재 선생 동상건립추진위원회가 결성되어 명예회장에 윤보선 전 대통령, 회장에 김상협 적십자사 총재가 맡아 동상을 건립했으며, 그 이듬해 12월 청소년들을 위하여 월남 이상재 선생의 생애와 사상을 정리한 《월남 이상재 선생 이야기》를 간행하는 등 현재 월남에 관한 여러 권의 단행본과 논문들이 발표되었다.

그러나 칭송과 함께 비판적인 소리도 없지 않았다. 이중 김진구(金振九)의 「몽견 이상재」(夢見 李商在, 꿈속에서 본 이상재)라는 글에 "그의 일생

20여만 시민들의 애도 속에 사회장으로 진행된 이상재 장례 행렬(1927. 4. 8)

을 놓고 보면 소낙비를 피해 사시던 사람일세"라는 말은(〈別乾坤〉 제8호, 927년 8월 17일, 夢見 李商在, 「先生은 偉人인가요?」) 이러한 저간의 분위기를 말해준다. 말하자면 월남은 "그는 복벽주의를 일관해서 순국자결한 것도 아니고 해외로 나아가 상해 임정이나 만주 독립운동에 가담한 것도 아니다. 국내에 있으면서 온갖 정치적 변동 속에서 별로 오점을 남기지 않고 민족적 양심의 거점으로 남을 수 있었다는 것은 월남의 능난한 처세와 인격에 대해 단순하게 정평(正評)할 수 없는 약점을 가지고 있었다는 훌륭한 증거인 것이다" (신일철, 「개화기 지식인 이상재론」)라는 비판적인 평가도 없지 않다는 점을 덧붙인다.

맺음말 – 월남이 우리에게 주는 정신적 유산

월남 이상재 선생이 오늘날 젊은이들, 특히 기독인들에게 주는 첫 번째 정신적 유산은 전통적인 유교의 효사상과 기독교적 자유평등사상을 융합한 사상성과 평생을 매우 청빈하게 살았다는 점을 들 수 있겠다. 1920년 9월 1일자 〈동아일보〉 사회면에 경북 영주군에 사는 권성영(權聖英)이라는 기독교 신자가 모친상을 당했는데, 그가 예수를 믿기 때문에 상식(上食)을 드릴 수 없다고 폐하자 며느리가 그만 자결했다는 사건보도가 화제가 되었다. 이에 대해 월남은 "기독교는 효(孝)를 거절하는 종교가 아니다"라고 하며 "종교상에도 조선혼(朝鮮魂)을 물실(勿失)하라, 미신이 아닌 이상에 부모의 제사 지냄이 무엇이 글으랴"는 「중앙청년회(中央靑年會, YMCA) 총무 이상재 씨(李商在氏) 담(談)」이 실린 내용에서 보듯 월남은 조상을 기리는 행위를 반기독교로 보지 않았다. 말하자면 그는 신구사상을 융합한 유연성을 지니고 있었다. 한편 그는 평소 누구에게도 구속됨이 없는 참 자유인으로, 청빈한 삶을 살았다는 점이다. 그가 서거한 재동(齋洞) 집도 자신의 소유가 아닌 셋집이었다고 한다. 그래서 사후 윤치호, 안창호, 김성수, 송진우 등이 쌀 27가마를 모아 그의 빚을 갚아줄 정도로 청빈한 삶을 살았다.

두 번째는 인내(忍耐)와 해학(諧謔)으로 어려운 시대를 이겨낸 민족의 큰 스승이었다. 개화기를 거쳐 대한제국기에 활동하던 동료 후배들 대부분은 거의 예외 없이 국외로 나갔다. 오직 그만이 여러 유혹과 권유를 물리치고 국내에 끝까지 남아 비타협적 민족운동연합체인 신간회 창립이라는 민족적 대사업을 이루는 결실을 보았던 것이다. 그의 해학에 얽힌 일화는 너무도 많고 유명하다. 이중 한 가지만 소개하기로 한다. 일제가 국권을 강점한 이후 일본을 잠시 다녀온 일이 있었는데 돌아온 후 일본 관리가 월남에게 돌아본 소감을 물었다. 그러자 월남은 "새어머니를 보니 돌아가신 어머니가 더욱 그립군요"라고 답했다고 한다. 얼마나 뼈 있는 촌철살인의 해학인가. 이렇듯 월남은 어려운 시대의 아픔을 인내심과 해학으로 이겨내며 실의에 빠져가는 젊은이들에게 내일의 소망과 희망을 불어넣어준 큰 스승이었다.

또한 월남은 늘 청년으로 사신 분이다. 78세라는 당시로서는 상당한 노령에도 불구하고 그의 뼈 있는 남다른 유머와 해학은 주위 사람들에게 늘 웃음과 기쁨을 선사했다. 이렇듯 한평생을 젊은 '청년'으로 사신 '청년 이상재'가 노년에 즐겨 쓰던 말 중에 '신노이심불노(身老而心不老, 비록 몸은 늙었지만 마음만은 늙지 않았다)'라는 말에서도 그의 청년정신을 엿볼 수 있다. 혹자에 따르면 '청년(靑年)'이라는 말을 처음 사용한 분도 월남이었다고 한다.

이밖에도 월남이 우리에게 남겨준 교훈과 정신적 유산은 많다. 예컨대 꿈을 상실한 엄혹한 시대에 꿈과 희망과 용기를 심어준 스승의 면모를 유감없이 보여준 분이기도 하다. 춘원 이광수는 월남을 가리켜 "신념이 없고, 용기 없고, 희망이 없는 세대에 신념과 용기와 희망의 순결한 사람의 전형으로 살 모범을 우리에게 주는 것만으로 옹(翁)은 국보(國寶)요 우리 청년의 선생이시다"(李光洙, 「現代의 奇人 李商在翁」, 〈東光〉, 1926년, 제7호)라고 월남을 '국보'에 비유했는데 지나친 과찬으로 들리지 않는다.

돌이켜보면 월남의 70여 평생은 혼란한 세도정치기인 1850년에 태어나서 개화운동 참여를 시작으로 독립협회 활동, 애국계몽운동, YMCA 활동, 3·1운동 참가, 개량주의운동 선도 그리고 신간회 창립 등 한국근대사의 격동의 현장을 떠나지 않았던 한마디로 '큰 어른'이자 진정한 '원로'였다. 이러한 큰 스승이자 큰 어른이신 그분이 지금 우리에게, 특히 배움의 길에 있는 오늘날의 젊은이들에게 한 말씀 하신다면 무슨 말씀을 하실까?

초대 주미공사관 1등서기관으로 미국에 체류하던 1888년 6월 아들(承倫)에게 보낸 편지 내용 중 아래와 같은 글귀를 되새김질해 보면 좋겠다.

> "만일 부질없이 외고 쓰기만 하고 마음에 지녀 실행하는 바 없으면 이것을 '도능독(徒能讀)'이라 할 것이다. 그러므로 '도능독'이라는 것은 읽으

나마나 한 것이니 비록 10년 20년을 읽어도 부질없이 무익할 뿐만 아니라 해가 되고 마는 것이다." (1888년(戊子年) 6월 4일자 아들(承倫)에게 보낸 편지 내용 일부)

한마디로 실천과 실행으로 이어지지 않는 앎의 지식은 부질없는 '도능독'에 불과하다는 이 말씀은 수많은 정보와 지식에 싸여 사는 현대인들, 특히 젊은이들에게 주는 월남 선생의 더없이 귀한 교훈이다.

*이 글은 연구논문이 아니기에 월남에 관한 여러 저서와 연구논문 그리고 회고록 등을 참고했으나 각주를 생략했다.

제2장

경무관 출신 평신도 전도자 김정식

이덕주 교수
(감리교신학대학교 역사신학과)

김정식 1862~1937

경무관 출신 평신도 전도자
김정식

“유영모(柳永模) 선생의 전화로써 김정식(金貞植) 노(老)선생이 작일 오후 6시에 영면하셨음을 알고, 한 번 더 뵈올 기회를 놓친 일을 후회하나 막급, 귀도(歸道)에 종로 청년회관에 들러 보았으나 시체는 아직 청량리 안식교 병원에서 옮겨 모시지 못하였다고…… 진정한 의미에서 조선 기독교의 원로이신 선생이 떠나시니 조선 기독교의 일각이 무너진 감을 난재(難題)”[1)]

무교회주의 ‘신앙 지도자’ 김교신(金敎臣)이 1937년 1월 14일자 일기에 쓴 내용이다. 김교신은 김정식의 죽음을 누구보다 아쉬워했다. “조선 기독교의 일각이 무너지는 것”과 같은 충격을 가져다주었다. 김교신의 신앙과 생애에 있어 가장 큰 영향을 준 인물이 일본의 무교회주의자 우치무라[內村鑑三]인 것은 모두가 아는 사실이다. 그런 김교신에게 우치무라에 견줄 한국인 신앙인이 있었으니 그가 김정식이었다. 김교신 자신의 고백이다.

“김정식 선생과 우치무라 선생과는 항상 나의 기억에 오르내린다. 조선에 있는 內村 선생의 유일한 친구라는 것과, 김 선생께 처음 뵌 것이 동경 백목의 內村 선생 성서 강습소인 금정관에서 조선 기독교계의 노장이라고 소개받았고 또한 세계에 드문 기독교 대선생이니 깊이 사숙하라고 부탁받는 교환 소개에 감격하였던 기억이 생생한 것만 아니라 이 두 분의 성격과 생애가 서로 공통한 바 적지 않음을 인하여서다.”[2)]

김교신은 스승 우치무라를 통해 김정식을 소개받았다. 그것도 “조선 기독교계의 노장(老長)으로, 세계에 드문 기독교 대선생”으로 말이다. 과연 김교신은 일본에서는 우치무라에게, 조선에서는 신앙과 생활의 도를 배운 바가 컸다. 그러나 정작 “진정한 의미에서 조선 기독교의 원로”였던 김정식 개인의 삶은 고난과 시련의 연속이었다. 그러한 수난 속에서 성숙된 신앙이기에 그의 신앙이 갖는 의미는 더욱 클 수밖에 없었다.

무과 출신

삼성(三醒) 김정식(金貞植)은 1862년(철종 13년) 8월 6일 황해도 해주에서 출생했다. 그의 출신 가문과 가정환경에 대한 정보는 극히 빈곤하다. 알려진 것이라곤 그가 20세 이전에 강(姜)씨 성을 가진 부인을 얻었으나 무언지 모를 가정적인 문제로 집을 떠나 한때 금강산에 들어가 있었다는 정도다. 모두 열 명의 자녀를 두었는데 그 열 명을 모두 잃는 아픔을 겪었다.

첫째 아들 유봉(裕鳳)은 미국 유학 갔다가 병이 들어 돌아와 죽었고,

둘째 아들 유홍(裕鴻)도 일본의 도쿄제국대학에 다니다가 시모노세키에서 점심 먹은 것이 잘못되어 장질부사로 죽었고, 셋째 아들 유구(裕鳩)는 중학 2년까지 다니다가 급성 신장염으로 죽었다. 나머지 아이들도 이런 저런 연유로 죽었으며, 그중에 딸 앵사(鶯似)는 열 살도 못되어 두 눈이 멀어버려 천주교에서 운영하는 고아원에 보내버렸다. 이처럼 자녀를 잃는 슬픔이 오랜 세월을 두고 계속되었으므로 그의 고통은 더 심할 수밖에 없었다. 그래서 그는 평소에 주변에서 자기신세를 한탄하는 사람을 보면, "나를 보아라, 나도 산다"며 위로하였다 한다.

이처럼 불운했던 가정환경이 그를 무과(武科) 진출로 이끌었는지도 모른다. 구체적으로 어떤 과정을 거쳐 무과로 진출했는지는 밝혀지지 않고 있으나, 1898년 한창 독립협회 사건으로 세상이 시끄러울 즈음에 그는 경무관(警務官)이 되었다. 경무관은 경무청(警務廳)에서 경무사(警務使) 다음으로 두 번째 가는 직급이었다. 지금으로 치면 치안본부 국장급에 해당된다. 경무청은 1894년 갑오경장으로 행정 직제가 일본식으로 개편되면서 전에 있던 좌우 포도청을 통폐합해서 설립한 기관인데 치안 관계 핵심 부서였다. 경무사 1명에 경무관 12~15명이 있었고 그 밑에 순검들이 배속되어 있었다. 경무관은 일선 치안 책임자로는 고위직이었다.

1898년은 독립협회로 인해 시끄러운 일들이 많이 일어났던 해다. 1898년 3월 10일 열린 만민공동회는 독립협회 운동의 정점이었다. 수구세력을 뒷받침하고 있던 러시아 세력이 만민공동회의 탄핵을 받고 밀려나기까지 했다. 이때를 계기로 독립협회는 순수 민간 민권운동 기구에서 정치적 투쟁 기구로 변모하게 된다. 부패하고 타락한 중앙 관리들을 축출하라는 상소를 끊임없이 올렸고 10월에는 관민 연석회의를 개최하여 정치 개혁을 위한 구체적인 시안까지 내놓았다. 10월 29일 종로에서 열린 관민공동회는 서울의 모든 상점이 철시하는 뜨거운 열기 속에 진행되었다. 정부 측에서 의정부 참정 박정양, 찬정(贊政) 이종건, 중추원 의장 한규설, 한성판윤 이채연 등 고위 인사들이 참석했고 학생·유생은 물론, 맹인·승려·백정 등 천민까지 함께 모여 나라의 문제를 갖고 토론을 벌였다. 곤당골교회 교인이자 백정 출신인 박성춘(朴成春)이 유명한 '차일(遮日) 연설'을 한 것도 이때였다. 이 모임에서 민(民)이 참여하는 정치 개혁안 6개조가 만장일치로 통과되었다.

그러나 조병식·민종국·이기동 등을 중심한 수구 세력의 반격도 만만치 않았다. 보부상을 기반으로 한 경제계와 기존 정치 구조를 장악하고 있던 수구 세력은 황국협회라는 우익 단체를 만들어 독립협회를 공격하기 시작했다. 보부상들이 그 선봉대였다. 독립협회 집회가 보부상들의 난입으로 중단되기 일쑤였다. 쌍방간의 무력 충돌이 없을 수 없었다. 그런데 이 같은 소요 사태를 진압해야 할 경무청은 이기동·유기환·김정근 등 수구파 인물들이 번갈아 가며 장악하고 있었다.

경무청이 편파적인 연행과 진압을 할 것은 뻔한 일이었다. 이상재·윤치호·이원긍·정교·이승만 등 독립협회 관련 인사들이 수시로 체포, 구금되었다. 독립협회 회원들은 불공평한 경무청 앞에 몰려가 시위를 벌였다. 그러나 정부는 소요의 책임을 물어 1898년 11월, 독립협회와 황국협회를 모두 해산하는 명령을 내리는 형태로 독립협회의 정치 개혁 의지를 꺾는 데 성공했다.

이러한 와중에서 일선 치안 담당관인 김정식은 어떤 태도를 취했는가? 여기서부터 김정식의 이야기는 시작된다.

시위 진압하러 나갔다가 동조 시위

1898년 10월 관민공동회가 열린 직후 수구파는 독립협회를 중심으로 개혁파에 대한 정치적 탄압을 개시했다. 그들은 11월 5일을 기해 이상재·남궁억·정교·이건호·방한덕·홍정후·김두현 등 개혁파 17인을 체포했다. 그리고는 독립협회 시위에 효과적으로 대응하지 못했다 하여 치안 책임자들을 경질했다. 내부대신 민종묵, 한성판윤 이호익이 견책받았고 경무사 김정근이 파면 당했다.

경무청 안에서도 숙청 바람이 일었다. 신임 경무사 신태휴도 수구파였다. 경무관에 대한 숙정도 불가피했다. 1898년 11월 5일자 〈관보〉(官報)에 그 내용이 실려 있다.

> "경무관 안환(安桓), 경무관 홍응조(洪應祖), 경무관 김정식(金貞植), 경무관 장윤환(張允煥), 경무관 구범서(具範書), 경무관 이종하(李宗夏), 경무관 위홍석(魏洪奭), 경무관 류한익(劉漢翼) 등은 경무사 김정근(金禎根)의 보고서를 거(據)한즉, 해원(該員) 등이 독립협회 회원(獨立協會 會員)이 본청문전(本廳門前)에 취집(聚集)하도록 부득금단(不得禁斷)이라 하기 고선책사(姑先責事)."[3]

김정식을 비롯한 경무관 8명이 중징계를 받았음을 알려주고 있다. 그 이유는 독립협회 회원들이 경무청 앞에까지 와서 시위를 하도록 방치했다는 것이다. 그리고 그 징계는 전임 경무사 김정근의 보고에 근거한 것이다.

징계 받은 경무관이 8명에 이르렀음은, 당시 경무관이 모두 12명이었던 점에 비추어 볼 때 경무관급의 정치적 성향이 고위직은 경무사와 일치하지 않았음을 암시해주는 대목이기도 하다. 아무튼 김정식은 경무관 신분으로 독립협회 시위를 적극 저지하지 않았다는 이유로 견책당했다. 적극 저지하지 않았을 뿐 아니라 암암리에 독립협회 활동을 묵인, 지원했다는 혐의도 붙을 만했다. 그것은 그가 독립협회 지도자들과 급속히 가까워졌기 때문이다.

아마도 이 무렵 그는 경무관직을 사임(혹은 파면)한 것으로 보인다. 왜냐하면 그가 1902년 정치적인 사건으로 연루되어 경무청에 체포될 때 "전 경무관 김정식"으로 표기되고 있기 때문이다. 정치적인 사건이란 새로운 수구파의 정치적 핵심 인물로 부상한 경무 총감(전 경무사) 이근택(李根澤)이 꾸며낸 음모 사건이었다. 1900~2년 사이에 개혁파 세력을 완전히 제거하려는 의도에서 수구파 세력은 각종 쿠데타, 정부 전복 음모 사건들을 조작해 내면서 정적들을 체포했다. 일본에 망명해 있는 박영효·유길준 등과 내통해서 정부를 전복하려 했다는 것이 꾸며낸 사건의 내용이었다.

일본 사관학교에 유학하고 있던 학생들이 그 일에 적극 가담했다는 구실도 붙였다. 대략 이 같은 이유로 이승만·신흥우·안국선·이준·이동녕·이종일·유동근·김영소·방영주·장호익·윤시용·안형수·이조현·김창한·하원홍 등 정치범들이 1900년 말부터 체포되기 시작했다.

1902년 3월 22일, 김정식도 경무청에 체포되었다. 같은 날 법부협판이었던 이원긍(李源兢), 의정부 총무국장이었던 이상재(李商在)와 그의 아들이던 이승인(李承仁), 유길준의 동생이자 내부협판이었던 유성준(兪星

미국에서 귀국한 이승만과 감옥 생활을 같이 했던 선배와 동지들이 함께 찍은 사진(1910) : 사진 왼쪽부터 김정식, 안국선, 이상재, 이원긍, 김린, 이승만

濬), 참서관 홍재기(洪在箕) 등도 체포되었다. 이들 6인은 같은 사건의 피의자들이었다. 그들은 일본에 있는 박영효·유길준 등과 모의해 정부를 전복시키려 했다는 혐의를 받았다.

체포된 후 처음 얼마간은 고문과 매질만 가해졌다. 있지도 않은 사실을 자백하라며 악독한 고문을 가했다. 모두가 정부 고위직에 있던 인물들이었고 전통 양반들이었다. 이 사건은 처음부터 정치적인 음모에서 비롯된 것이었다. 그들을 제거하려는 수구세력으로서는 그들이 범죄 행위를 했느냐의 사실 여부가 중요한 것이 아니었다. 그들을 감옥에 가두어 둠으로 해서 그들의 정치적 활동을 중단시킨 것만으로도 정치적 성공을 거둔 셈이었다. 그들은 감옥 안에서 전혀 겪어보지 못했던 다른 세상을 체험하였다. 같이 들어갔던 유성준의 증언이다.

"다섯 평에 불과한 감옥방에 20여 명을 가두었으니 앉고 눕고 하기를 임의로 할 수 없을 뿐더러 강도·절도·사기·횡령 등 죄인과 섞여 있음으로 그 말과 행동은 참 눈으로 보고 귀로 들을 수 없으며 또 서책을 감옥서장에게 청구한즉 옥중규칙에 허치 아니한다 하나 이때에 감옥 관리들도 우리를 무죄히 갇힘을 동정함으로 이상재 이외 제씨가 각금 한자리에 모이게 되면 우리들이 옥에서 나가는 날에는 이택근을 무고죄로 고소하야 도로혀 률(律)을 지우는 것이 합당하다고 하는 분만 말이나 하면서 이럭저럭 세월을 보내는 중이었다."[4]

정치적 보복만이 그들의 목적이었다. 김정식으로서는 자신이 근무하던 직장 경무청에 구속된 것이 더욱 참을 수 없는 고통이었다. 불과 몇 년 전에는 자신이 범인을 다루는 취조관이었는데 이제는 무고한 음모에 말려들어 죄인 취급을 받아야 하는 그의 심정은 분노와 원통으로밖에 표현될 길이 없었다.

이근택은 그도 잘 아는 옛날 직장 동료였다. 그러나 수구파의 앞잡이로 변한 이근택은 무자비한 인물로 변해 있었다. 이근택을 향한 증오, 수구파가 장악한 현실 정치 상황에 대한 분노로 가득 차 있었다. 다음과 같은 김정식 자신의 고백은 이러한 심정을 대변하고 있다.

"옥중(獄中)에서 허다(許多)한 고초(苦楚)로 무정(無情)한 세월(歲月)을 보낼 때에 사람을 원망(怨望)하며 세상(世上)을 탄식(歎息)하는 맘이 가슴에 가득하고 창자에 얼켜 매양(每樣) 이 몸이 독수(毒手)에 팔린 바 됨을 생각하면 분한 마음이 폭발하여야 머리털이 우를 가르치고 더운 기운이 목에 막켜 적은 음성(音聲)도 내일 수 없을 때에 그 원통(寃痛)한 심사(心事)가 엇더하리오."[5)]

"분한 마음이 폭발하여 머리털이 위로 솟구치고 더운 기운이 솟구쳐 목이 메어 소리조차 낼 수 없는" 원통하고 분한 나날이었다. 생각하느니 복수뿐이요, 말하느니 원망뿐이었다.

그러나 복수할 가능성은 점차 희박해져만 갔다. 정세가 역전되어 곧 석방되리라 했던 기대도 무너졌다. 1년이 넘어 2년째 옥중 생활은 계속되었다. 처음 분노도 사라지고 이제는 체념과 절망의 날이 계속되었다. 그 무렵 그를 비롯한 옥중 동지들에게 새로운 전기가 마련되었다.

번연의 《천로역정》

1902년 10월경 김정식을 비롯한 정치범들이 갇혀 있던 한성감옥에 큰 변화가 있었다. 새로 간수장으로 김영선(金英善)이 부임해 온 일이며 새 간수장의 호의로 옥중에 도서실과 간이학교가 세워진 일이다. 이 일은 1901년 어간에 기독교인이 된 이승만과 배재 학생 출신의 신흥우가 주동이 되어 추진했다. 언더우드, 아펜젤러, 벙커, 게일 등 바깥에 있던 선교사들도 한글·한문으로 된 책과 〈그리스도인회보〉, 〈신학월보〉 등 정기 간행물을 열심히 넣어 주었다.

옥중 도서실은 종교·정치·역사·철학 관계 서적 500여 권을 소장하고 있었다. 기독교 관계 서적이 주종을 이룬 것은 물론이다. 한문으로 된 것이 반 이상을 차지하고 있었다. 거의가 중국에서 간행된 것들이었다.

양반 출신 정치범들이 이 책을 읽기 시작했다. 처음에는 시간의 무료함을 달래기 위해 읽었다. 그러다가 호기심으로 읽게 되었다. 마지막엔 종교적 관심을 갖고 읽게 되었다. 그렇게 해서 정치범들 가운데 교인들이 생겨나게 된 것이다. 이승만이 그렇게 해서 교인이 되었고 이상재·유성준·홍재기·이승인·이원긍 등이 교인이 되었다. 김정식도 예외는 아니었다.

사실 김정식은 1899년에 한 차례 연동에서 목회하고 있던 게일(J. S. Gale)에게 전도 받은 적이 있었다. 게일이 그에게 한문으로 된 성경을 선물로 주었던 것이다. 그러나 김정식은 그 성경을 정중하게 되돌려 보냈다. 기독교는 그의 관심 밖이었다. 그런데 이제 무고하게 감옥에서 갇힌 신세가 되어 기독교 책들을 다시 접하게 되었다. 〈한성감옥도서대출자명부〉(漢性監獄圖書貸出者名簿)가 남아 있어 당시 감옥에서 죄수들이 읽은 책이 날짜별로 밝혀지고 있는데 김정식의 경우 다음과 같다.

우선 그가 읽은 책은 한문 서적이 압도적으로 많았음을 알 수 있다. 그리고 1903년 12월에서 1904년 1월 사이의 두 달 동안 32권의 책을 독파하는 놀라운 독서열을 보이고 있다. 이것은 1903년 1월부터 1904년 3월까지 15개월 동안 읽은 전체 책 권수가 61권임을 감안할 때 1903년 겨울 동안 그중 60%를 읽었다는 계산이 나온다. 그리고 그 두 달 동안 읽은 책들의 거의 모두가 기독교 관계 책들이었다는 것도 종교적 탐구가 이 무렵에 절정에 이르렀음을 암시해준다.

김정식은 자기 고백을 통해 그에게 느낌을 준 첫 번째 책은 존 번연(John Bunyan)이 쓰고 게일이 번역한《텬로력뎡》(天路歷程)임을 밝히고 있다.

"나도 또한 소유법(消遣法)으로 여러 책을 열람하더니 천로역정이란 책을 보니 이는 이백여 년 전(二百餘年前), 영국(英國)에 번연 요한 씨(氏)가 눈먼 딸을 다리고 이십 년(十二年)을 옥중에 있어 지은 것이라. 비록 예와 이제는 다르고 사람과 따는 멀지라도 옥중의 고생은 일반이다. 속뜻을 보기 전에 먼저 동정이 가는도다."[6)]

대출 기간	대출 서적
1903년 1월	유몽천자(牖蒙千字)
2월	인도사(印度史), 천지기이지(天地奇異志), 신약전서(新約全書), 신약전서, 국문독본
4월	천로역정, 그리스도신문, 야소성교입화(耶蘇聖教入華), 교사열전(教士列傳)
5월	교사열전
6월	신학월보, 신약전서, 그리스도신문, 기독실록(基督實錄)
7월	그리스도신문, 구약신약전서(舊約新約全書), 교사열전
8월	신학월보, 그리스도신문, 신약전서
9월	국문독본, 텬로력뎡
10월	신학월보, 신약전서
12월	신약전서, 야소산상수훈(耶蘇山上垂訓), 천국진흥기(天國振興記), 신약전서, 십계주해(十誡註解), 비유요지(譬喻要旨), 성황구신편(城徨九神編), 성리심원(性理深原), 야소교요지(耶蘇教要旨), 진도변정(眞道變正), 야소교요리문답(耶蘇教要理問答), 어불긍구(語不肯求), 향훈(鄉訓), 교회정치(教會政治), 망문야소(望問耶蘇), 진리무지(眞理無智), 주도문주석(主禱文註釋), 구령선로(救靈先路), 덕혜입문(德惠入門), 안인차(安仁車), 국문독본

1904년 1월	성교공효논약(聖教功効論略), 서방귀도(西方歸道), 교화계제연의(教化階梯衍義), 대동학(大同學), 태평양도수통기(太平洋島受通記), 그리스도신문, 신약전서, 자력명증(自歷明證), 광학류편(廣學類編), 신약전서
2월	신약석의(新約釋義), 신약전서, 국문독본
3월	신약전서

그가 읽은 한글판《텬로력뎡》(1895)의 서문은 이렇게 시작된다.

"텬로력뎡이라 하는 뜻은 천국으로 가는 사람들의 지나는 길이라 하는 말이라. 이백여 년 전에 대영국 전도하는 선생의 지은 책이니 성은 번연이오 이름은 약한이니 슬하에 사랑하는 판수 딸이 잇는지라. 원래 집이 가난하야 철물장색으로 생애를 하나 본대 마음이 방탕하야 가사를 돌아보지 아니하고 세상에 호협한 일만 좋아하니 이러할 때에야 누가 하나님께서 미리 아사 회개시킬 줄을 짐작하였스리오."

우선 책의 저자 번연과 자기 입장이 비슷한 점에서 느끼는 바가 달랐다. 무엇보다 맹인이 된 딸을 데리고 있다는 사실이 충격적이었다. 번연은 "판수의 딸"(맹인)을 데리고 12년 동안 옥고를 치르면서 책을 쓴 것이다. 무고하게 옥에 갇힌 것도 같은 처지였다. 같은 형편의 사람이 쓴 책이어서 내용을 읽기도 전에 동정이 갔다. 김정식의 고백을 계속 들어보자.

"자세히 읽다 보니 대게 선악(善惡) 두 가지를 노한 인명(人名)과 지명(地

名)을 지어 서로 싸움하는 형상(形狀)을 기록(記錄)하였으니 선(善)한 자가 악(惡)한 자(者)에게 많이 죽다가 혹(或) 죽음을 이기고 영생(永生)하는 길에 나갔으나 그 천신만고(千辛萬苦)함은 손가락으로 헤일 수 없은즉 진실(眞實)로 요한은 진리(眞理)를 알고, 믿고 행한 증거(證據)로다. 그같이 육신(肉身)이 고(苦)로운 것을 생각하지 아니하고 그 맘이 이같이 안정(安定)하야 진리(眞理)를 오묘(奧妙)하게 설명하였으니 이것은 필경 성경에서 무슨 능력(能力)을 얻은 까닭이로다."[7]

같은 처지의 두 사람, 번연과 김정식, 맹인 딸을 두었고 억울한 옥살이를 하는 사람들, 김정식은 자신과 번연을 비교해 가며 자신보다 훨씬 더 긴 세월을 감옥에 있으면서도 마음의 평정을 잃지 않고 오히려 진리에 대한 명작을 남긴 그 힘이 어디에서 나왔는지 생각하였다. 이근택을 향한 분노와 증오로 머리칼이 하늘로 솟구치고 목구멍에서 말이 나오지 못할 정도로 화로 가득 차 있던 그의 마음과 비교할 때 정반대됨을 느끼지 않을 수 없었다.

그는 분노를 삭이면서 번연의 평안과 진리 탐구의 힘의 근원이 어디에 있는지 생각하였다. 그 해답은 쉽게 나왔다. 성경이 그 힘의 원천이었다. 그렇게 해서 김정식은 기독교 경전인 성경을 읽기 시작했다. 3년 전에 게일에게 되돌려주었던 성경을 옥중 도서실에서 빌려 읽기 시작한 것이다.

《텬로력뎡》의 내용보다는 그 저자인 번연의 처지가 자기와 유사함에 공감을 느꼈고 번연의 옥중 삶을 그처럼 의미 있는 것으로 바꾸어 놓은 원동력이 성경인 것을 알고 그 성경을 읽기 시작했다. 처음에는 모르는 얘기들로만 느껴지던 것들이 조금씩 깨달아지게 되었다.

> "이때부터 나도 성경(聖經)을 연구하여 보니 혹 갈오대 공중에 나는 새는 농사짓지 아니하되 먹는다 하였으니 이 말씀으로 우리 세상에 먹는 것으로만 근심하는 사람의 마음을 위로하여 깨끗한 샘이 솟아나는 듯하고, 우리 구주(救主)께서 우리 죄(罪)를 대신(代身)하야 당신(當身)의 몸으로 한번 십자가(十字架)에 못박혔다가 다시 살아나서 우리 육신(肉身)의 죽음으로 하여금 권세(權勢)가 없어지게 하고 하나님과 사람 사이에 교통(交通)케 된 은혜(恩惠)가 감사하도다."[8]

기독교의 구원 교리가 어렴풋이나마 잡혀가기 시작했다. 육신의 일만을 도모하다가 실패한 자신에게 큰 위로가 되었으며, 십자가 죽음으로 하나님과 자기 사이의 죄가 사라지는 은혜도 감사하게 느껴졌다. 그것은 곧 전혀 다른 마음의 평안으로 연결되었다.

> "이 세상(世上)에 혹 다른 무엇을 믿어 평안(平安)함을 얻는다 하는 말이 있을지라도 그 근본(根本)은 궁구(窮究)하여 보면 다 같이 물질적(物質的)으로 마련되어 나온 것을 믿어 어찌 사람의 맘이 깨끗할 수가 있으며 어

찌 튼튼하고 영원한 평안(平安)을 얻을 수 있으리오. 다만 만물(萬物)을 지으신 하나님의 사람으로 오신 예수를 믿어 구원(救援)을 얻게 하는 길 뿐이로다."[9]

그 평안은 물질과 육신의 소욕을 성취한 데서 비롯된 것은 아니었다. 그 평안은 만물을 지으신 창조주, 하나님의 사랑에 근거한 것이었다. 김정식은 그 평안을 소유하게 된 것이다. 그러면서 자신의 현재 처해 있는 불행도 감내할 수 있는 힘이 생겨났다.

"슬프다. 나는 우리 임금의 미워함을 받아 이 육신이 옥문 앞에 나가기는 바랄 수 없은즉 이 육신은 벌써 이 세상을 떠난 물건이다. 다만 깨끗한 마음으로 우리 예수를 따러가는 것이 나의 맛당한 본분으로 생각하니라."[10]

이제 더 이상 그는 자신의 처지를 원망하거나 분노와 복수에 사로잡히지 않고도 지낼 수 있게 되었다. 육신을 포기하니까 오히려 마음의 평안이 찾아온 것이다. 자기를 무고하게 체포한 이근택에 대한 증오의 마음도, 체포를 허락한 임금(고종)에 대한 섭섭한 마음도 사라져 버렸다.

이 같은 내적 변화는 성경 외에 다른 기독교 서적, 특히 미국의 부흥운동가 무디(D. Moody)의 저술을 읽으면서 더욱 심화되었다. 그가 후에 게일에게 진술했다는 내용이다.

"감옥 안에서 나는 신약성경을 네 번이나 독파했지만 무슨 소린지 도무지 알 수가 없었습니다. 그러나 어느 날 밤, 나는 한문으로 된 무디의 설교집을 읽다가 큰 빛이 환하게 비치며 기쁨이 용솟음쳤습니다. 내 눈에서는 눈물이 쏟아지고 마음은 노래를 불렀습니다. 하나님께서는 나를 너그러이 용서하사 받아주시고, 내 영혼은 평안함을 얻었습니다."[11]

성경보다는 무디 설교집이 그의 구속 체험, 즉 중생 체험의 안내자가 되었다는 말이다. 김정식은 앞에 인용했던 자료를 통해 그 체험의 과정을 보다 자세하게 소개하고 있다.

"그 후(後) 한밤 고요하고 잠들지 아니할 때에 스사로 이 육신(肉身)의 불상한 지경(地境)을 생각하며 전전반측(轉轉反側)할 때에 예수께서 내 누운 요에 함께 앉으신지라. 그 무릎을 붓잡고 하는 말이, 나는 육신(肉身)의 부모(父母)도 없고 형제(兄弟)도 없으니 내 불쌍한 사정(事情)을 고(告)할 곳이 없으니 나를 지극히 사랑하시고 지극히 친절하시고 지극히 불쌍히 녁이시는 예수 형(兄)님께 고(告)하옵내다. 내가 전일에 주색에 심약하야 선조에게 불효함과 처자에게 박정함과 친구에게 교만한 죄가 많고 더욱 나를 사랑하는 딸 앵사(鶯似)의 나이 십세(十歲)에 미만(未滿)하고 두 눈이 멀어 앞을 보지 못하는 것을 나마교당 양육원(羅馬敎堂養育院)에 보내였으니 때때로 부모를 부르짖은 생각을 하면 뼈가 저리고 오장이 녹는 듯하도다. 허다한 죄상과 허다한 회포를 다 고할 때에 두 눈에 눈물이 비오듯 벼개를 적시더니 예수께서 손으로 내 등을 어루만지며 위로하시되 내 회개함을 내 아나니 너무 서러마라. 그 말삼이 귀에 들릴 때에 그 불상이 녁이시는 음성에 감동하여 자연 마음이 주락(酒落)하여져서 무슨 큰 짐을 벗은 모양도 같고 물에 빠졌다가 나온 것도 같으며 혼자 생각하기를 이 세상에는 나와 같은 죄인도 없었고 지금 이같이 깨끗한 마음을 얻은 사람은 나 혼자뿐이로다. 차후로는 엇던 지경에 처할지라도 이 은혜를 잊지 아니하기로 작정하고 세세히 생각함에 전일에 지은 죄로 오늘 이 같은 긍휼을 받기는 진실로 뜻밖이로다."[12]

김정식은 옥중에서 '예수 형님'을 만났다. 누구에게도 털어놓지 못했던 외로움, 수치스러웠던 과거, 북받쳐 오른 슬픔을 '예수 형님' 무릎을 부여잡고 모두 털어놓았다. 숨길 것이 없었다. 맹인 된 딸을 천주교 고아원에 보낸 것이 무엇보다 그의 마음을 아프게 했던 죄였다. 그 외에도 술 마시고 방탕했던 생활, 교만했던 지난날의 잘못들을 숨김없이 고했더니 그 '예수 형님'은 그의 등을 어루만지며 "내가 안다. 너무 서러워 말아라" 하셨다.

"내가 안다" – 이 한마디 말이 그를 구했다. 큰 짐이 벗겨져 나가는 느낌, 물 속에서 건져낸 느낌이었다. 그는 다시 산 것이다. 중생의 체험이었다. 이 체험 직후 그는 한시 한 수를 지었다.

"성령감인통진리(聖靈感人通眞理) 전광상조보선악(電光相照報善惡)"

"성령께서 사람을 감동시키시니 하나님의 진리를 통하겠고,
번개빛이 서로 비추이니 사람의 선악을 보응하시도다."

이 같은 중생 체험은 그의 삶을 완전히 바꾸어 놓았다. '예수 형님'을 만난 것이 결정적인 계기였다. 성경이나 무디 설교집을 읽음으로써 깨닫게 되었던 진리의 세계와는 전혀 다른 체험의 세계였다. 어디에서도 맛볼 수 없었던 극치의 체험이었다. 옥중생활이 그처럼 고마울 수가 없었다.

> "만일 이 몸이 이 옥중에 들어오지 아니하셨스면 어찌 이런 은혜를 얻엇스리오. 그런즉 우리의 몸을 모함한 사람이라도 원망할 것이 아니라 다만 하나님의 뜻에 맡길 뿐이로다. 나의 생각하는 바가 이같이 사람을 용서하는 지경에 니른 일을 헤아리면 엇지하야 이같이 변하여진 것은 말로 형용하기 어려울지라. 도대체, 전일에 사람을 원망하고 세상을 탄식하는 맘이 항상 불붙듯 하든 때와 크게 달러젓스니 성경이 사람의 맘을 곧처 다시 만드는 능력이 이 같음은 하나님의 영광을 찬송할 수밖에 없도다."[13)]

경무총감 이근택에 대한 증오는 이미 사라졌다. 그가 아니었으면 이 같은 은혜 체험도 없었을 것이기 때문이다. 이러한 감정은 김정식 혼자만의 것이 아니었다. 당시 함께 투옥되었던 정치범들의 공통적인 느낌이었다. 앞서 교인이 되었던 이승만은 물론이고 이상재·이원긍·홍재기·유성준·이승인 등 동지들도 같은 무렵에 김정식과 유사한 개종 체험을 하였고, 1903년 12월경에는 그들을 중심으로 한 옥중 집회가 자연스럽게 열리게 되었다.

1904년에 접어들면서 정세가 변하기 시작했다. 극동 아시아에서 러시아와 일본 사이의 패권 투쟁이 노골화되기 시작하더니 그해 2월에 마침내 러일전쟁이 터진 것이다. 이 전쟁에서 러시아가 패함으로써 일본은 조선에 대한 지배권을 확보한 셈이 되었다. 따라서 러시아를 배경으로 했던 국내 수구 세력의 퇴조도 불가피했다. 개혁파 세력의 등장도 필연적이었다. 이 같은 정세 변화에 의해 1904년 3월 모든 정치범들이 무죄 석방되었다. 김정식은 신약만 일곱 번 읽었고 여덟 번째 읽다가 묵시록을 읽던 중에 석방되었다. 원한에 사무친 정치범으로 옥에 들어갔던 김정식이 감사와 기쁨에 넘친 기독교인이 되어 옥을 나왔다.

출옥한 그는 게일이 목회하고 있던 연동교회로 찾아갔고, 1904년 10월 23일 게일에게 세례를 받았다. 기독교인이 된 김정식은 그 역량을 기독교 사회운동에 쏟았다. YMCA 운동에 참여하기 시작한 것이다. 이미 1903년에 게일, 언더우드, 헐버트 등 선교사들을 중심으로 해서 황성기독교청년회가 설립되어 있었다. 김정식이 YMCA 운동에 가담하게 된 것은 게일의 주선에 의한 것이 아닐까 한다. 그는 황성기독교청년회의 최초 조선인 간사로 일하기 시작했다.

당시 황성기독교청년회는 해산당한 독립협회의 핵심 인물들이 대거 참여하여 민족주의 단체로 성격이 형성되어 가고 있었다. 그는 YMCA 활동 외에도 경신학교 교사, 연동교회 내의 사회 선교단체인 부용회, 대한교육협회 창립 회원으로 참여하기도 했다.

그러나 김정식의 대표적 업적은 일본 유학생들을 위한 도쿄 한인 YMCA 창설과 도쿄 한인교회 창설에서 찾아볼 수 있다. 1906년 일본에

재일본 동경 조선기독교청년회관 전경(1915)

건너가 유학생들의 친목 단체들을 규합해 도쿄YMCA를 창설하고 초대 총무가 되어 1915년 귀국하기까지 도쿄YMCA를 민족주의 학생 청년 운동 단체로 키웠다. 1909년에는 정익노·조만식 등과 함께 도쿄 한인교회를 창설하기도 했다.

김정식은 일본에 있는 동안 일본의 민족주의 신앙가 우치무라[內村鑑三]와 깊은 교분을 나누었다. 우치무라가 반전론(反戰論)을 펴다가 불경죄로 몰려 일본사회·교계에서 소외당하고 있을 때 그를 찾아가 위로해 준 김정식의 행위나, 105인 사건으로 조선 기독교인들이 고통을 당하고 있을 때 일본의 잘못을 질책하며 김정식을 찾아가 위로해 준 우치무라의 행위가 둘 사이의 깊은 우정을 대변해 주는 것들이다. 김정식은 우치무라를 '일본인 중의 일본인'으로, 우치무라는 김정식을 '조선인 중의 조선인'으로 서로를 존경하며 우의를 다졌다. 김정식이 장로교 출신이면서도 형식이나 규율에 매이지 않고 초교파적인 신앙생활을 한 것도 우치무라의 무교회주의 신앙에서 영향을 받은 바가 컸음을 암시해준다.

김정식은 1915년 가정 문제로 귀국한 이후 야인으로 살면서 말년에는 노자와 장자를 즐겨 읽었으며 종종 절도 방문하여 중들과 대화를 나누었다. 만년에는 '우리 친목회'란 모임을 만들어 다양한 종교 토론의 장을 마련하였으니 유교인과 불교인, 천도교인들도 자주 참여하여 종교적 절대 진리를 논하곤 했다.

그러나 그 자신은 철저한 청도교적 삶을 살았다. 술·담배를 금한 것은 물론이고 자식 열 명을 모두 잃는 고통 속에서도 강씨 부인과 마지막까지 함께 지냈다. 청빈을 삶의 지표로 삼아 자기 재산을 전혀 남기지 않았을 뿐 아니라 1937년 1월 13일 별세하였을 때에도 그의 유해는 홍제동 화장터에서 재로 변하여 이 땅에 그의 유적을 남기지 않고 떠났다. 그러나 그가 산 삶의 흔적은 남아 있어 뜻있는 신앙인들의 귀감이 되고 있다. 김교신은 그의 삶을 이런 말로 정리하고 있다.

> "선생께서는 소아(小我)가 없고 전체에 살았으며 의(義)에 흡인되며 연민(憐憫)의 정(情)에는 자기를 망각하고 동(動)하셨다. 선생은 위대한 평신도요 천연스러운 소인 전도자의 일생이었다."[14)]

제3장

교회와 사회와 민족을 섬긴 대구·경북의 거인 이만집 목사

정경호 교수
(영남신학대학교 기독교윤리학과)

이만집 1876~1944

교회와 사회와 민족을 섬긴
대구·경북의 거인
이만집 목사

교회와 사회, 나아가 민족을 섬긴 이만집이라는 이름은 비교적 우리들에게 생소한 이름으로 다가올 것이다. 그럼에도 불구하고 대구·경북 지역에서 이만집만큼 다양한 삶을 살아간 사람도 없을 것이다. 그는 대구에서 1906년 처음으로 세워진 중학교인 계성학교의 첫 교사였으며 1897년에 설립된 남성정교회(현 대구제일교회)를 1919년 1월부터 섬겼던 목회자였다. 또한 그는 1915년 교남기독청년회(현 대구YMCA의 전신)를 조직하여 첫 회장을 역임한 시민사회운동의 지도자였으며, 1919년 3월 8일 "대구 3·1운동"을 주도해 나간 민족 지도자였다. 뿐만 아니라 그는 1920년대 대구·경북교회를 이끌어가던 선교사들의 정신적인 지배에서 벗어나 스스로 자치하는 주체적이면서도 민족적인 교회를 수립하여야 함을 강조하다가 결국 경북노회로부터 1923년 4월 3일 제명 받았던 대구·경북의 거인 같은 신앙의 지도자였다. 그의 자주적이고도 민족적인 신앙의 의미와 교회의 의미를 오늘에 새롭게 조명해 보는 것은 무언가 변질되어 가고 있는 오늘의 대구·경북의 교회와 사회는 물론 한국교회와 사회를 새롭게 세워나가는 데 중요한 길잡이가 되리라 믿는다.

경북의 모교회, 대구 남성정교회의 이만집 목사

메이지유신을 일으켜 근대적인 통일국가를 이룬 일본은 대륙 침략을 위한 그 첫번째 조처로 정한론을 내걸고 한반도 침략의 기회를 노리고 있다가 드디어 1875년 9월, 운요호라는 일본군함이 강화해협에 불법 침입함으로써 마침내 한국과 일본 사이에 포격사건이 일어나는 운요호 사건이 발생하였다. 일본은 책임을 물어 결국 조선과 1876년 강화도조약을 체결하고 일본에 문호를 열게 하였고, 이어 조선은 미국과 1882년 조미수호조약을 체결하기에 이른다. 이후에 구미 제국주의 열강들이 조선 땅을 식민화하려고 하나둘씩 모여들기 시작하였다.

1. 청년 이만집과 선교사 안의와의 만남

이러한 시기에 이만집은 1875년 7월 7일 경북 월성군에서 출생하였다. 그는 조선의 국운이 기울어지기 시작하던 때 출생하였기에 당시 시대의 한복판에서 울려 퍼지는 민족의 신음과 절규를 바라보며 자신의 사명이 무엇인지를 고민하며 자란 청년이었다. 이럴 즈음에 청년 이만집은 대구에 처음으로 발을 디딘 선교사 배위량(William M. Baird)의 처남이었던 안의와(James E. Adams) 선교사와 1900년 우연히 첫 만남을 가졌다. 그는 안의와 선교사를 통해 서양종교인 기독교에 대한 호기심과 함께 기독교에 대한 문제점에 대해서 대화를 나눌 기회를 가지게 된 것이다.

"당시 이만집은 고향에서 한학을 공부하여 각종 경서를 읽는 등 한학을 두루 섭렵한 후 경주읍에서 살고 있었는데, 마침 안의와 선교사는 대구에서 처음으로 교인이 된 서자명 조사와 함께 경주 지방을 순행하다가 25세의 청년이었던 이만집과의 역사적인 첫 만남이 이루어진 것이다. 이만집은 처음 본 서양 사람의 진귀한 모습에 대해 호기심을 가지게 되어 그들이 전하는 야소교에 대해서 듣게 되었다."

25세의 이만집과 33세의 안의와의 만남은 야소교(耶蘇教)라는 기독교에 대한 질문으로 시작되었는데 유교의 영향을 받았던 이만집에게 있어서 가장 긴급한 질문은 조상에 대한 제사의 문제였다. 이만집에게 있어서 조상에게 제사를 지내지 않는 종교는 야만인의 종교에 지나지 않았던 것이다. 이만집의 질문은 "조상에게 제사를 드리는 것은 인륜(人倫) 가운데 대표적인 일이며, 인간의 기본적 도리인데 야소교에서는 이를 금지한다고 하는데 이런 일이 있을 수 있는가?" 하는 것이었다. 이에 안의와는 "야소교에서는 부모에게 효도하라고 가르친다. 효도가 계명 중 제일되는 것이다. 그러나 죽은 부모에게 하는 것이 아니라 살아계신 부모에게 산제사를 드리는 것"이라고 설명해주었다. 이만집은 안의와 선교사의 산제사란 말을 처음 들은 터라 그것이 무엇을 의미하는지를 다시 묻는다. 이때 안의와 선교사는 "산제사란 죽은 후에 제사하는 것이 아니라 부모가 살아계실 때 자식의 도리를 다하며 효도하는 것"이며 "죽은 후에 슬퍼 우는 것보다 살아있을 때 효도하는 것"이라고 강조하였다. 그러나 이만집은 이렇게 죽은 부모와 조상을 대한다면 인간의 도리를 다하지 못하는 것임을 확신하고서 "부모 제사를 멀리하라는 야소교에서 인간의 도리는 무엇인가?"를 다시 질문하였는데 이때 안의와는 "인간의 도리란

창조주 하나님을 섬기고 부모를 공경하며 아래로 형제와 이웃들과 우애하는 것"임을 진지하게 설명하였다.

2. 야소교로 회심한 이만집

경주 어느 객사에서의 이만집과 안의와의 만남은 결코 그것으로 끝이 나지 않는다. 청년 이만집은 안의와 선교사로부터 한문성경 한 권을 선물로 받았는데 그는 집에 돌아와 호기심에 가득한 마음으로 성경을 쉬지 않고 읽어나갔던 것이다. 성경을 밤늦도록 읽은 이만집은 다음 날 다시 안의와를 만나 야소교의 도(道)에 대해서 묻고 묻다가 결국 예수 그리스도를 믿으면 영원한 생명을 얻는다는 말에 호흡을 멈추고서 마음의 문을 열게 되었다. 그리하여 청년 이만집은 예수님을 믿기로 작정한 후 기독교 진리를 계속하여 연구하기로 결단하게 된 것이다.

서양 고딕 양식에 한식 지붕을 얹은 계성학교(1906년 선교사 안의와가 설립)의 옛 모습

대구로 돌아온 안의와는 지금까지 이만집만큼 한학에 능한 사람을 만나지 못하였기에 당장 이만집을 1906년 5월 1일에 설립한 계성학교 한문선생으로 부른다. 이만집은 안의와의 초빙을 수락하고서 드디어 계성학교 선생의 길을 걷는다. 당시 계성학교는 27명의 첫 입학생을 받았는데 교장 안의와 선교사와 교사 이만집으로 출발한 작은 학교였다. 교장 안의와는 여러 지방을 순회하면서 전도해야 했고 또 주일마다 설교를 해야 했으므로 이만집은 한문교사로 시작하여 성경을 가르치고 학교의 행정 그리고 학생들의 생활지도까지 담당했던 것이다.

3. 남성정교회 목사 이만집

대구로 이사 온 이만집은 대구 남성정교회에 출석하였는데, 1909년 7월에 34세의 젊은 나이에 장로가 된다. 다음 해인 1910년 전도대회와 남녀 학생들을 위한 부흥회를 거치면서 이만집은 하나님의 교회를 위해서 일할 결단을 하게 되었고 얼마 후 35세의 나이로 부해리(Henry Monro Bruen) 선교사의 조사로서 선교활동에 참여하게 된다. 1912년, 이만집은 37세의 나이로 평양신학교에 입학하여 공부하던 중, 1914년 12월 부해리 선교사와 함께 대구 남산정교회를 설립하여 그 이듬해인 1915년 부해리 선교사와 함께 남산정교회를 동역하게 되는데 그때 나이는 40세였다. 이만집은 5년간의 신학수업 후 대구 성경학교에서 열린 제2회 경북노회(1917년 6월 19일)에서 42세의 나이로 목사 안수를 받아 그해 9월 9일 자신이 장로로 섬기던 남산정교회의 목사로 취임하여 사역한다. 이듬해인 1918년 1월 1일 경북노회 부서기로 피선된 이만집 목사는 1월 3일 대구

대구광역시 유형문화재 30호인 남성정교회 옛 모습

남성정교회 곧 대구·경북의 모(母)교회인 대구제일교회로 사역지를 옮겨 봉사한다. 여기서 그는 본격적으로 시민사회운동, 3·1독립운동 그리고 자주적이며 자치적인 한국교회를 실현해 나가려고 한 것이다.

교남 기독교청년회 회장, 시민사회운동가 이만집

이만집은 1915년 남산정교회 목사로 사역하면서 제2국민의 양성 곧 청소년 및 청년 교육에 역점을 두기 시작한다. 그리하여 그는 부해리 선교사와 머리를 맞대고 대구·경북 지역의 청소년들을 교육하며 시민들을 계몽해 나갈 기독교 단체의 설립에 혼신의 힘을 기울이기 시작하였다.

1. 제2국민을 위한 청소년 교육

그는 남성정교회를 사역하는 동안에도 계성중학교 교사의 경험을 바탕으로 청소년 교육에 보다 큰 역점을 두어 목회를 하였다. 이는 신약성서 에베소서 6장 4절을 본문으로 "제2국민의 양성"이라는 그의 설교에서 잘 나타난다. "내가 오늘날 여러분과 같이 생각하려는 것은 지식상의 교육이 아니고…… 정신상의 교육을 하고 있습니다. 정신상의 교육이란 덕육과 영육 두 가지가 있습니다…… 영육이란 무엇을 의미합니까? 다른 것이 아니라 그것은 우리 안에 하나님께서 계시고 그 하나님은 우리의 아버지요 우리는 하나님의 참 자녀가 되는 것을 가르치는 것입니다…… 이와 같이 제2세 국민을 그리스도 교회에서 교육한다는 것이요, 그 그리스도교회와 그리스도 신자의 가정에서 양육을 받은 자가 50만, 100만으로 우리 조선에도 증가하여 가는 때에는 우리 조선의 정신계를 지배할 시대가 올 것은 의심하지 아니 합니다."

이만집이 여기서 말하는 제2국민이란 미래의 사회를 짊어지고 나갈 청소년들이 틀림없다. 이만집은 교회와 가정에서의 신앙교육은 물론 교회학교를 통하여 신앙교육을 철저하게 하려고 한 것이다. 그러나 그는 여기에 머물지 아니하고 일제 치하에서 민족이 나아갈 길이 무엇인지 직시하고 그의 활동영역을 교회의 울타리를 넘어 사회로 넓혀 나가기 시작한다. 당시 이 땅의 청년운동의 중심이었던 YMCA가 아직 대구에 없었기에 이만집 목사는 남산정교회와 남성정교회의 교역자들과 당회원들 그리고 대구에 주재해 있던 선교동역자 부해리, 방혜법(Herbert E. Blair), 별이추(Archibald G. Fletcher) 등과 함께 대구·경북의 시민사회운동의 효시인 교남기독교청년회를 1915년에 조직하게 되었다. 그리하여 대구YMCA를 통하여 본격적으로 기독교 시민사회운동의 문을 열게 된 것이다.

2. 대구 교남YMCA 설립

그는 남성정교회 지금의 제일교회 남쪽 길 건너 붉은 벽돌 2층 양옥을 건립하고 영신여학교를 개설하여 여자 초급교육을 실시하는 한편 영어 강습소를 개설하여 영어를 배우게 함으로써 당시 조선의 정세와 함께 세계의 정세를 읽게 하려고 하였다. 뿐만 아니라 이만집 목사는 김태련 조사를 총무로 임명하며 대구시민대운동회, 농촌부흥강연회와 계몽운동, 금주운동, 성경 야학, 학생 기독청년회 수양회 등의 활동을 하였다. 특히 그는 김태련 총무와 함께 청소년 교육을 통한 구국의 길에도 앞장

교남YMCA 옛 회관의 최근 모습 : 2012년 항일운동유적지로 등록됨

을 섰으며 피폐해진 농촌을 살리기 위한 농촌운동도 활발하게 전개해 나갔다. 이러한 시민사회운동이 기반이 되어 1919년 대구 3·1운동을 주도해 나갈 수 있었다.

대구 3·1운동을 이끈 독립운동가 이만집

민족의 지도자인 이만집 목사를 제대로 이해하기 위해서 일제 강점기 특히 1919~1920년 당시 한국의 정세를 정확하게 이해하는 것이 필요하다.

1. 대구지역사회의 생명죽임의 현실

당시 일제의 폭압정치는 무력으로 거세게 타오르던 민족운동을 제압하고 조선을 강점한 일제는 병합 이후에도 조선의 민족운동을 파괴하고 민족의식을 억압하는 공세를 더욱 강화해 나갔다. 일제는 치안유지를 위해서 전국에 걸쳐 헌병경찰체제를 구축하기 시작하였는데 전국의 100개 요소에는 경찰서를 설치하고, 경찰서가 없는 지역에는 순사주재소나 순사파출소를 두거나 헌병분대, 헌병분견소를 분산 배치하여 전국이 헌병경찰의 감시와 통제를 받게 하였다.

헌병경찰에 의해 강제되었던 법령들은 폭력적으로 한국인의 정치적 자율성을 억압하고 굴욕적인 이민족의 지배를 받아들이도록 강제하는 것이었고, 오랜 문화적 고유성과 정체성을 악의적으로 무시하고 부정하는 것이었다. 일제는 각종 통제법을 제정하고 이를 헌병경찰을 앞세워 강요해 나갔으며, 토지사업조사를 통해 일본자본가들을 대거 한국으로 진출하게 하여 한국농민들로부터 토지를 매입해 소작제로 한국농민을 수탈하는 지주제를 경영하였다. 일제는 이와 같은 방식으로 한국에 식민지 지배질서를 구축하고, 이를 기반으로 한국을 경제적으로 지배하고 수탈하는 식민정책을 강행하였다. 이러한 헌병경찰은 일상생활 전반에서 위압적으로 식민 지배를 실행하는 난폭한 지배자로 한국의 민중 위에 군림하면서 모든 민족운동세력들을 탄압함과 동시에 "민족신앙"의 보루였던 교회마저도 탄압하기 시작하였던 것이다.

2. 대구 3·1운동의 선구자

이런 시기에 서울에서 3·1운동이 준비될 당시 기독교 대표로 주요한 역할을 담당했던 이갑성 선생이 2월 24일 대구로 이만집 목사를 찾아와 그간의 과정을 설명하고 대구 대표로 일본정부에 보낼 독립청원서에 서명해줄 것을 요청하였다. 이만집 목사는 만세시위와 독립청원의 방식으로는 독립이 성사되기 어려울 것으로 판단하고 이 제의에 동의하지 않는다. 그러나 3월 1일 서울과 여러 도시에서 만세시위가 일어났다는 소식을 접하자 이만집 목사는 비록 독립청원 방식에는 동의하지 않았지만 만세시위에 동참하는 것이 필요하다고 판단하고 곧바로 3월 8일 시위를 조직하게 된다. 대구에서 일어난 3·1운동은 경북노회의 남성정교회, 남산정교회, 신정교회(현 대구 서문교회의 전신) 등의 목사 장로들이 그리고 노회 소속 기관인 계성, 신명, 성서학원(현 영남신학대학교의 전신) 학생 및 졸업생들이 중심이 되어 찬송가 384장, "내 주는 강한 성이요 방패와 병기 되시니……"를 목이 터져라 부르면서 대구 3·1운동, 곧 대구의 3·8운동의 횃불을 든 것에서 출발한다.

"이날 정오가 지나면서 신명학교 북쪽 언덕 밑 큰 장터에서는 시내 몇몇 교회의 목사, 장로 그리고 학생들이 장꾼인 체하고 슬슬 모이기 시작했다. 계성학교 학생 60여 명은 한복을 입고 동산병원과 신명학교 사이의 숲길로 띄엄띄엄 흩어져 내려왔고 신명 학생 일부는 서쪽 또는 북쪽의 가파른 언덕길을 더듬으며 내려오고 있었다. 그들은 오후 1시에 만세를 부르기로 약속되어 있었다. 그러나 1시가 지나도 참가하기로 약속했던 대구고보(현 경북고등학교의 전신) 및 대구농림(현 대구 농업고등학교의 전신) 등의 학생들이 오지 않아서 시간은 거의 한 시간가량이나 지체되었다. 2시경이 되어 초조하게 기다리는 순간 드디어 신명학교 앞쪽에서 약 200명의 대구고보 학생들이 교복을 입은 채 경찰의 저지망을 뚫고 (서문)시장을 향해 뛰어오는 것이었다. 뒤이어 성서학원 수강생 20여 명도 합세하여 시장 쪽으로 뛰어왔다.

……

이윽고 오늘 거사의 총책인 남성정교회의 이만집 목사와 남산정교회 조사 김태련이 그 옆에 있는 달구지 위에 올라가 독립선언문을 낭독하고 대한독립만세를 부르려고 했다. 거동을 수상히 여겨 따라오던 경찰이 금방 선언문을 빼앗아 버리고 말자 김태련은 공약 3장만을 힘차게 외쳤다. 그래서 다급해진 이만집 목사는 '지금이야말로 조선이 독립할 수 있는 때다. 각자가 독립을 성취할 수 있도록 만세를 부릅시다' 하고 크게 말한 다음, 있는 힘을 다하여 '대한독립만세'를 외쳤다. 이때 사방에 깔려 있던 교인들, 학생, 장꾼들도 따라서 '대한독립만세! 대한독립만세!' 하고 호응하기 시작했다. 이것이 대구만세운동의 첫 순간인 것이다.

……

이날 왜놈들은 데모의 총책임자인 이만집 목사를 비롯하여 김영서(계성학교 교목)·이재인·김무생·박재원·정재순·신태근·임봉선·이선애 외 141명을 구속해 갔다. 1919년 4월 18일 대구 지방법원에서 출판법 제11조 1항, 보안법 제7조에 의해 이만집을 3년 김영서·김무생·정재순을 각각 2년, 박재원·권희윤을 각각 1년 6월, 이재인·임봉선을 각각 1년, 신태근·이선애를 각각 6월 선고하였다…… 그런데 구속된 사람들에 대한 학대와 고문은 이만저만한 것이 아니었다. 이 때문에 이만집은 출옥 후에도 항상 몸이 좋지 못했고, 이재인은 손가락이 굽어버렸고, 임봉선은 27세에 죽었고, 이선애는 31세의 나이로 일찍 죽었다."

일경은 이만집 목사를 대구 만세시위 사건의 제1의 주동자로 보고 형량이 제일 많은 3년의 선고를 하였다. 이것만 보더라도 당시 그의 위치를 충분히 짐작할 수가 있다. 당시 남성정교회는 이러한 이만집 목사를 진심으로 존경하였고 이만집 목사가 사역한 남성정교회의 교인들은 3·1운동을 주도한 역사적 사실을 매우 자랑스럽게 생각하였다.

3. 3·1운동을 통하여 사회와 민족을 일깨운 민족신앙

오늘날 제일교회(남성정교회)는 3·1운동의 중심이 된 제일교회와 이만집 목사에 대해 대단한 자부심을 가지고 있다. 3·1운동 이전까지 경북노회의 소속교회는 아무리 잡아도 100 교회를 넘지 못하였으나 1920년 11월 6일 당시 경북노회의 소속교회는 268개 교회로 보고되었다.

이만집 목사가 없었다면, 그의 신앙적 정신적 민족적 지도력이 없었다면 그리고 그와 함께 한 교회가 없었다면 대구 3·8만세운동은 실패하고 말았을 정도로 이만집 목사를 중심으로 대구의 온 교회가 함께 하였던 것이다. 다시 말해서 대구·경북 교계의 지도자요 대구 3·8만세운동을 이끌어 간, 민족신앙인 이만집 목사가 없었더라면 대구의 3·8운동은 결코 성공적으로 일어나지 못하였을 것이다. 이만집 목사, 그는 실로 대구·경북의 교회와 사회로부터 존경받고 신뢰받던 거인 같은 민족의 지

1922년 3년간의 복역을 마치고 출옥하는 이만집 : 왼쪽에서 두 번째

도자였다.

자주적이며 자치적인 한국인의 교회

출옥 후 남성정교회 목회에만 몰두하고 있던 그는 1921년 5월 계성학교 학생들의 동맹휴업, 남성정교회 청년들의 투서, 신명학교 여교사 축출문제, 그리고 계성학교 교사 선임에 있어서 선교사들의 간섭 및 인사이동 등에 항의한다. 사태가 더욱 복잡해지자 대구 주재 선교사들과 그들을 추종하는 노회 세력들은 선교사들의 정책에 항의하는 이만집 목사를 제명하고자 하였다. 그러나 이만집은 1923년 3월, 자신을 지지하던 사람들과 함께 〈자치선언〉을 내놓음으로써 드디어 "자치교회"를 태동시켜 나갔다. 당시 선교사의 영향 아래에 있던 경북노회는 1923년 4월 3일 드디어 이 위대한 이만집 목사를 제명하고 말았다.

1. 자치교회의 배경

1918년부터 1931년까지 남성정교회를 강타했던 자치교회 운동은 대구 지역에서 일어난 반 선교사 운동 즉 자치운동이었으며, 나아가서 이는 단순한 반 선교사 운동을 넘어서서 조선인에 의한 새로운 교회를 갈망하고 있던 남성정교회의 자주적이며 민족적인 교회였음을 잘 대변해 주고 있다. 당시 대구·경북교회는 반(反)선교사파와 선교사파 즉 자치교회파와 선교사의 지도 아래에 있는 노회파 두 그룹으로 나누어져서 불꽃 튀는 싸움을 하였기에 결국 교회가 분립되어 나누어지는 첫 분열의 쓰라림을 맞게 된다.

1920년대 초반 한국교회들이 보편적으로 청년과 장년 그리고 진보와 보수 사이에 갈등을 겪고 있었듯이 당시 대구의 남성정교회도 그러한 갈등요인이 내재하고 있었다. 진취적인 청년 측에 호의를 갖고 있던 이만집 목사는 1921년 5월 29일부터 6월 2일까지 계성학교 학생, 이범교·이영실·이기옥을 중심으로 동맹휴학사건이 생겼을 때도 선교사 측 즉 노회 측보다는 학생 측의 주장이 옳다는 것을 분명히 밝히면서 학생들의 주장에 동조를 하면서 후원하였던 것이다.

동맹휴학의 요인은 두 가지로 나눌 수 있는데, 첫째 선교부의 종교교육 유지 정책으로 계성학교가 고등보통학교 인가를 얻지 못한 데 대한 불만이었고, 둘째 민족의 얼을 열정적으로 심어 나갔던 교사를 퇴직시키고 선교사들에 의해서 임명받은 평양 출신의 교사가 계성학교에 부임하게 된 데 있었다. 계성학교 학생들은 이러한 선교사들의 결정을 전면 거부하면서 지역 출신의 유능한 교사로 교체해 달라는 것이었다. 그러나 선교사와 노회 측은 이를 강행하고자 하였는데 계성학교 학생들은 동맹휴학으로 맞서나갔다. 이 문제가 제일교회와 경북노회, 한국교회와 선교사, 교회 안에 진보와 보수 계층 사이의 갈등으로 발전하게 되며 이것이 훗날 자치교회의 작은 불씨가 되기도 한다.

계성학교의 분규는 학교 안의 문제로만 끝나지 않고 그들이 소속한 교회, 남성정교회와 남산정교회의 당회 문제로 대두되었으며 나아가서 경북노회 전체 문제로 확대되었다. 그러나 현 대구제일교회는 70년사에서 남성정교회가 자치교회가 된 가장 직접적인 원인은 "1918년 7월에 당회를 모독한 투서를 한, (계성학교 학생) 이범교·이영실·이기옥이라는 세 사람의 교인을 이만집 목사의 편당심에 의하여 처벌하지 못하게 되매 당회원의 의사가 불합하여 상호간의 마음에 담을 쌓고 분규가 시작되었다"고 설명한다. 그리고 90년사에서는 자세하게 당시의 상황을 이렇게 설명한다.

"안의와 선교사가 설립하고 선교사들이 주도해 나갔던 초창기의 제일교회는 1911년에 김천일 목사가 최초의 한국인 목사로 시무하였고, 다음해에 홍승한 목사가 위임 목사가 되어 교회는 더욱 부흥하여 교인들이 천 여 명씩 모이게 되었다.

그러나 1917년 홍승한 목사가 총회의 파송을 받아 중국 산동성 선교사로 떠난 때부터 교회의 평온은 깨어졌다. 즉 그 후임 초빙에 많은 어려움을 겪었고, 김익두 목사까지 후보에 올랐으나 결국 이만집 목사가 부임하게 되었다. 이만집 목사가 1918년 1월에 부임하였으나 그해 7월에 앞서 지적한 이범교 씨 등에 대한 처벌 문제로 당회의 의견이 갈라지기 시작하였다. 그러나 이만집 목사가 3·1운동으로 피검되어 투옥됨으로 문제는 확대되지 않았다.

1921년에 이만집 목사가 출옥되고, 교회도 부흥되어 갔다. 그러나 이만집 목사가 희원, 순도학교장 김의균 씨를 권고 사직시킨 것이 교회에 큰 충격을 주어 직원 일동이 총사직을 결행하였다.

드디어 교회가 분규의 와중에 휘말리게 되매 시내의 다른 교회에서도 여기에 왈가왈부하게 되었다. 먼저 서성오 목사와 신정교회(현 서문교회의 전신)의 교인들이 1922년 4월 9일 오후 예배 시에 11개 조목을 내걸고, 이만집 목사에게 항의해 왔고, 교회 내에서 이에 호응하여 유혈난투극이 벌어졌다.

이와는 반대로 남산교회에서는 박영조 목사와 그에게 동조하는 교인들이 이만집 목사에게 동조하여 드디어 본 교회 문제는 대구교계의 분규로 확대하게 되었다.

이와 같은 사태에서 교회 당회는 신정교회 교인과 합세한 교인 70명을 책벌 또는 출교시켰고, 70명은 경북노회에 '당회원을 갈아달라'는 진정을 제출함으로 본 교회 문제는 노회문제가 되어버렸다."

이만집 목사가 출옥 후에 잠시 중단되었던 분규가 머리를 들고 공소사건들이 줄을 잇고 있었다. 학생들로 배척을 받고 있던 백신철은 대구남성정교회 당회를 상대로 노회에 공소하였고 계성학교 대표 진평현·송재현 양씨가 백신철 씨와 남성정교회 당회를 상대로 공소하였다. 또한 남성정교회 당회가 서희윤·강만채 양씨를 책벌한 건과 함께 책벌당한 두 사람이 남성정교회 당회와 시찰회를 상대로 한 고소 건 등이다.

이들의 공소 건에 대해서 노회는 부해리 선교사를 포함하여 7인 조사위원을 선정하여 조사결과를 다음 노회에 보고하기로 하였다. 그리하여 1921년 6월 18일 제10회 경북노회 속회 시간에 첫째 당회의 책벌이 성급했으며, 둘째 책벌에 공정을 기하지 못했으며, 셋째 강만채·서희윤에 대하여 당회 앞에 자복하는 것을 조건으로 해벌해 주는 것이 좋을 것임을 보고하였다. 이는 노회가 남성정교회 당회의 결정을 파기하는 것과 같은 것이었기에 여기서부터 남성정교회 당회와 노회 간의 불협화음이 터져 나오기 시작하는 계기가 된 것이다.

대구 남성정교회의 사건으로 인해 경북노회는 1921년 6월 18일부터 1923년 3월 6일까지 여러 차례 모여 논의하였으나, 노회의 분위기는 앞서 지적한 바와 같이 점차 이만집 목사에 대해 반대하는 편으로 기울어져 갔다. 가령 1921년 6월 18일의 노회에서는 노회의 조사위원회가 남성정교회의 "당회 결의가 성급했으며, 강만채·서희윤 씨 등을 책벌한 것은 해벌하도록" 하는 것이 마땅하다고 보고한 것을 받아들였다. 이때까지는 이만집 목사를 해임시키려 하지 않았으나 1923년 1월 7일 주일에 남성정교회가 공동의회를 열고 경충(京忠)노회로 가도록 결의하자 노회의 태도도 바뀌어 1923년 3월 6일 11시, 경산읍교회에서 모인 임시노회는 이만집·박영조 두 목사를 정직하고, 장로 김덕경·김태련·홍동섭·장한진·이종진 등을 면직하고, 그 외 장립집사 1명과 교인 6명을 책벌하도록 결의하였다.

1923년 3월 6일 노회 결의는 그다음 주일인 3월 11일 교회에서 공포하게 되어 있었다. 남산교회에서는 3월 11일, 18일, 25일에 걸쳐 분규가 있었으나 4월 5일 이후로는 반대파들 즉 자치파들이 교회에서 물러가 김덕경의 집에서 집회를 가짐으로 노회 측에서 일단 문제가 해결되었다. 그러나 남성정교회에서는 노회를 반대하는, 자치교회 교인들이 많아 노회에서 파송한 임종하 목사가 이만집 목사의 정직 공포를 할 수 없었으며 오히려 임종하 목사는 교회에서 거부당하고 말았다.

이와 같은 노회의 책벌에 대항하여 이만집 목사는 1923년 3월 18일 대구 남성정교회 주일예배에 아래와 같은 〈자치선언문〉과 약법 4조를 발표하게 되었다:

30 성상에 비롯 각오하였다. 우리가 믿음으로 살려면 진리에 속하자. 교회는 신성한 것인데 불의의 구속을 어찌 당하리오. 금아(今我) 대구교회는 저 권리를 주장하는 선교사의 정신지배를 받는 경북노회를 탈퇴하고 자치를 선언함

약법(略法) 4조:

1조: 음모결당으로 교회분란을 일으키는 자는 성회에 제거할 일

2조: 예배 시에 회석을 소란케 하여 예배를 방해하는 자는 교문에 축출할 일

3조: 교회 변동을 기회로 하여 이단을 창도하는 자들을 금할 일

4조: 그리스도의 영화의 사업과 자유의 진리를 만방에 발휘할 일

이를 본 경북노회는 1923년 4월 3일 다시 모여 이만집 목사를 제명하고 새 당회를 조직하지만 이만집 목사를 지지하며 따르던 교인들 800여 명은 남성정교회를 지켜 나갔다. 이에 선교사 측 즉 노회파의 입장에 동조하는 교인들 50여 명은 할 수 없이 따로 예배를 드리기에 이른다. 이만집의 자치선언에 함께 한 교회는 남산정교회의 박영조 목사를 비롯하여 경상도와 충청도 지방에 영향을 미쳐, 1928년에 자치교회당은 모두 14개로서 대구에 10개, 영양 3개, 경주에 1개 교회였으며 교인 수가 많을 때에는 모두 1,300명에 이르기도 하였다. 이는 이만집 목사 개인의 성품과 지도력 때문에 대구·경북 지역에서 상당한 호응을 받은 것이 분명하다.

2. 자치교회에 대한 법정시비

남성정교회 교인들의 대부분이 이만집 목사를 지지하였으므로 노회의 결의가 제대로 시행되지 않게 되었다. 이에 노회를 지지하는 소수의 교인들이 교회를 떠나 교남YMCA 회관 2층에서 모이다가 1923년 10월, 희도학교(현 희도아파트)로 예배처를 옮겨 1931년까지 지내면서 법정시비에 들어갔다. 1923년 3월 18일, 자치교회 측은 남성정 50번지 건물이 홍승한의 명의로 등록되어 있으므로 설립자 변경 소송을 제기하였으나 접수되지 못하였고, 5월 상순경 장한진 명의로 설립자 확인 소송을 제기했으나 11월 22일에 패소되었으며 공소한 것도 1924년 6월 20일에 패소되고 말았다. 또한 1923년 5월 10일에는 교회 부속학교였던 희원, 순도 양교의 설립자 변경 소송을 지방법원에 제기하였으나 패소되었고, 상소한 것도 1924년 4월에 다시 패소되었다. 당시 부해리 선교사가 총독부 종교과에 직접 부탁하여 1923년 5월 14일 관보에 의해서 노회 측에서 추천한 임종하 목사가 남성정교회의 담임목사로 공고되기도 하였다.

남성정교회 곧 오늘의 남성정교회의 기록에 의하면 당시 일본의 미국을 배척하는 반감적 태도 때문에 법정시비로 10년이라는 기나긴 세월을 보내게 되었다고 하지만 결국 선교사 측의 노회와 교인들은 일본 경찰을 앞세워 교회를 되찾았으며 그들과 함께 교회에 들어와서 자치교회 측을 몰아내고 만 것이다. 자치교회 초기에는 교인들의 수가 많았으나 차츰 그 수가 줄어들게 되었고 선교사 측(노회 측)은 차차 교인 수가 증가하여 YMCA에 모일 수 없어 희도학교로 옮겨서 예배를 드렸다. 최종적으로 법정에서 이긴 선교사 측은 1931년 11월 15일 주일에 자치교회 측으로부터 교회를 되찾아 눈물을 흘리면서 예배를 드렸다고 한다. 실로 1918년부터 1931년에 이른 14년간의 교회의 분규를 자치파동이라고 한다. 이러한 시각이 제일교회의 시각이었고 당시 경북노회 즉 선교사들의 시각이며 동시 오늘의 제일교회와 남산교회의 시각이라고 할 수 있을 것이다.

자치교회에 대한 여러 반응들은 다음과 같다. 이만집의 3·1운동의 노력과 그의 자주 독립 사상은 소위 그의 반대파들이 말하는 교회의 자치파동으로 격하되었다. 뿐만 아니라 교회 안에서는 자치선언 전후의 폭력사건과 교회당 소유권에 대한 재판 등으로 인해 그에 대한 독립지도자로서의 평가는 물론 그의 자치교회 선언 곧 그의 "민족적이며 자주적인 교회" 선언이 부정적으로 기록되고 평가되었음을 알 수 있다.

또한 대구에 42년간 머물면서 사역을 한 미국 선교사 부해리 목사의 반응을 볼 수 있다. 그의 부인인 마르다는 부해리 선교사의 선교보고서 및 편지 등을 모아 《한국에서의 40년》(*40 Years in Korea*)이란 책을 펴내었다. 여기서 이만집을 목사의 길로 인도하였던 부해리 선교사는 1923년 선교사들로부터 정신적인 지배를 벗어난 자주적인 교회를 주장한 이만집 목사와 그를 동조하는 사람들을 "자치파(the Independents)"로, 노회와 선교사를 지지하는 목사들과 사람들을 "충성파(the Royalists)"로 칭하였다. 또한 대구·경북 독립운동의 지도자로서 많은 교인들과 시민들로부터 존경과 지지를 얻고 있었던 이만집 목사를 향해 약삭빠르며 파렴치한 인간으로 보고하고 있으며, 이만집 목사의 아집으로 저질러진, "난폭하게 날뛰는 자치(Independence Run Amuck)"라고 신랄하게 비판하였다. 그리고 부해리 선교사는 이만집 목사를 향해서 "마치 자기를 반대하는 사람의 목을 치는 조선의 옛 관료들처럼 이만집은 당회의 권력을 마음대로 행사하였다"고 비판하면서 "푸른 월계수는 넘어지게 되어 있다. 하나님은 그가 스스로 목을 매도록 허락함으로써 그를 심판할 것이다"라고 역설하기도 하였다.

당시 동아일보에서는 자치교회를 조선적 기독교로 소개하면서 자치 측과 노회 측의 분규와 함께 1925년 2월 8일의 노회 측이 자치교회 측의 남성정예배당 기습사건과 이에 맞선 몸싸움에 대해서 이틀간이나 보도하였다. 첫째 날 신문에는 "지옥으로 변한 교회당 안에서 싸우고 할퀴고, 천여 명의 구파(노회파)가 신파(자치파) 교당을 습격, 현장에는 선혈이 홍건, 경찰관은 출동"이라고 대서특필하면서 "몽둥이를 들고 떼를 지어 습격, 빼앗은 뒤에는 강단에서 찬미 불러"라고 설명을 붙였다. 둘째 날 신문에서는 부서지고 깨진 현장사진과 함께 "마귀의 소굴로 변한 예배당, 퇴벽, 파창으로 유리된 예수의 진리"라고 전날보다 자세하게 아수라장이 된 교회를 집중적으로 보도하였다. 이러한 분규와 싸움을 목도한 일본 경찰당국은 선교사에 대한 배척운동으로 보았음을 알 수 있다.

법원 판결을 통해 이만집 목사 등의 자치파로부터 교회당을 접수한 남성정교회의 당회장인 최재화 목사는 1932년에 쓴 「제일교회약사」에서 자치운동을 마귀의 운동으로 정의하였으며, 경북노회는 1925년에 간행한 《경북노회사 I》에서 자치교회 선언의 원인을 이만집 목사 개인의 권리 남용과 당회장 권한 남용에서 비롯한 사건으로 기술하고 있다.

한국교회사가인 민경배 교수는 이만집 목사의 자치교회를 "친일적인 김장호(평양에서 자유교회를 주창한 목사)와의 기구적 일치는 없었다 하더라도 동지로서의 출발은 피차 약속한 바 있었다"고 말하며 "이만집과 김장호와의 결속이 이러한 친일과의 상통성을 더욱 분명히 해준다"라고 주장한 바 있다. 이처럼 아무런 근거도 없이 이만집 목사의 자치교회운동을 친일적인 운동으로 해석하려고 한 것은 당시 대구·경북교회적 상황이나 사회적 상황을 정확하게 이해하지 못한 데서 온 결과이기도 하다.

새롭게 자주적이면서 자치적인 교회로 출발한 이만집 목사는 경북노회 측과 오랜 기간 동안의 법정 소송에 휘말리다가 결국 그는 교회와 노회로부터 큰 상처를 받고서 1931년 11월 15일 주일을 기해 남성정교회를 선교사 측 즉 노회 측에 인계하고 만다. 그 후 이만집 목사는 봉산동에서 "조선예수교 봉산교회"를 설립하여 예배를 드렸는데 800여 명의 교인들이 여기에 참여하였다고 한다. 봉산교회를 5년간 섬겼던 이만집 목사는 뜻이 있어 장남인 이광세 목사에게 교회를 맡긴 후, 1934년 금강산에 들어가 수양관을 건립한다. 그는 그곳에서 신사참배의 강요를 피하여 숨어든 사람들을 보호하면서 함께 예배를 드리다가 7월 69세의 나이로 하늘의 부름을 받았다.

3. 자치교회에 대한 새로운 평가

대구·경북 대부분의 교회들이 일제 치하 조선의 토양에서 조선의 문제를 끌어안으면서 민족의 독립을 펼쳐나가려 했던 이만집 목사의 신앙을 왜곡하여 이해하였다. 당시 대구·경북의 교회는 선교사들의 정신적인 지배로부터 독립하자는 자치교회를 주창하였을 때, 교회를 혼란케 하고 교회를 분열시킨 목사로 규정해 온 것이 사실이다. 심지어는 반선교사적이며 친일적인 목사로 매도하기까지 하였다.

이만집 목사의 3·1운동과 자치교회를 연구한 바 있는 정태식 박사가 "이만집의 궁극적인 목적은 새로운 교회를 통한 자치가 아니라 선교사 중심이 아닌 교회의 자치를 주장"한 것이라고 강조한 것은 올바른 평가 중 하나라 하겠다. 이만집 목사 그는 대구·경북의 교회, 나아가서 우리 한국교회가 민족적 자긍심을 지닌 한국인의 교회가 되기 위해서는 필히 선교사의 정신적인 지배에서부터 벗어나서 자주적이며 자치적인 교회가 되어야 함을 외쳤던 것이다.

참으로 다행스러운 것은 2005년 경북노회(예장 통합)에서 1923년 제명된 이만집 목사를 82년 만에 복권시킨 것이다. 2005년 4월 12일 대구 남덕교회에서 열린 제156회 경북노회에서 당시 역사위원장이었던 필자는 2004년 이만집 복권위원회를 구성하여 1년 동안 연구한 것을 토대로 이만집 목사의 복권을 노회에 청원하여 이만집 목사의 복권을 만장일치로 가결하였다. 그가 세상을 떠난 지 61년 만에 그리고 그가 제명된 지 82년 만에 복권이 된 것이다. 이를 계기로 대구 3·1운동이 일어난 그 자리에 이만집 목사와 김태련 전도사 중심으로 3·1운동이 일어났음을 기념하는 비를 대구시가 세우게 된 것이다. 이는 그의 자주적이고도 민족적인 신앙을 오늘날 생명죽임의 현실에서 생명을 살리고 평화를 누리게 하는 신앙 즉 생명·평화의 신앙으로 이어가야 한다는 자각이 늦게나마 있었기 때문에 가능했을 것이다.

나가는 말

최근까지 대구·경북의 교회들은 이만집 목사를 선교사들과 맞서서 교회를 분열시킨 "자치파동"의 장본인으로 그리고 대구·경북교회의 발전을 크게 저해한 사람으로 어렴풋이나마 알고 있었다. 그러나 이제는 그의 자주적이고도 민족적인 신앙에 더욱 큰 의미를 두어 교회를 섬기며 사회를 봉사하면서 청소년 교육과 농촌계몽운동에 역점을 둔 그의 폭넓은 사역을 새롭게 이해하게 된 것이다.

그러나 그것으로는 부족하다. 이만집 목사의 원래의 모습인 대구·경북교회와 사회 그리고 민족의 지도자로서의 모습으로 되돌려 놓아야 할 것이다. 그리하여 그 지긋지긋한 폭압적인 일본제국주의의 숨막히는 생명죽임의 상황 속에서 생명을 살려내고 평화를 누리게 하기 위해서 분연히 일어섰던 대구3·1운동 곧 대구3·8만세운동의 정신을 이어가야 할 것이다. 뿐만 아니라 이만집 목사가 교회와 민족을 위한 자치적이고도 자주적인 교회를 꿈꾸면서 교회와 민족 앞에서 십자가를 등에 짊어지고 태극기를 손에 든 자주적이고도 민족적인 책임응답적인 신앙의 정신을 오늘에 창조적으로 계승하여야 한다. 그래야만 오늘의 대구·경북교회는 물론 우리 한국교회가 역사와 민족 앞에서 그리고 우리들의 후손 앞에서 부끄럽지 않는 교회가 될 것이며 그들 앞에서 떳떳한 신앙의 선배로서의 모습을 당당하게 보여줄 수 있을 것이다. 그렇게 되면 오늘의 대구·경북교회는 신음하는 이웃과 오늘의 사회가 선명하게 보이게 될 것이며, 그들의 아픔과 절규가 무엇인지를 알고서 그들을 위로하며 용기를 북돋우어 줄 것이며, 나아가서 분단된 민족의 아픔을 치유할 수 있는 생명·평화의 일에도 함께 동참할 수 있을 것이다.

이만집 목사의 자주적이며 민족적인 신앙은 우리의 교회나 우리의 민족 문제에만 머물게 하지 않는다. 그의 자주적이고도 민족적인 신앙은 우리 민족의 문제는 물론 오늘의 절대빈곤의 아시아와 부서지고 깨어져 가고 있는 지구촌 남반구의 세계를 섬기고 봉사할 수 있도록 꿈을 꾸게 한다. 나아가서 오늘의 우리 교회들이 생명·정의·평화의 일꾼으로서의 이만집 목사의 사역을 이해한다면 우리는 세계 한복판 속에서 생명을 살려내고 평화를 누리게 하는 것이 한국교회의 과제요 사명임을 더욱 깨달을 수 있을 것으로 믿는다.

제4장

기독교 사회주의자
이대위 선생의 생애

채현석 박사
(전 건국대학교 박물관장)

이대위 1896~1982

기독교 사회주의자 이대위 선생의 생애

이대위 선생의 어린 시절과 수학기

이대위 선생(李大偉, 1896~1982)은 1920년대에 YMCA를 중심으로 일종의 기독교사회주의 입장에서 민족운동 및 사회개혁운동을 활발히 전개하였던 분이다. 그는 YMCA 연합회 학생부 간사로 있으면서 전국의 각 학교에 구성되어 활동하고 있는 학생YMCA들을 지도·지원하였으며, YMCA의 기관지인 〈청년〉 지를 비롯하여 기독교계 신문·잡지는 물론, 일반 신문·잡지에도 활발하게 논설을 발표하여 당시 한국 사회에 풍미하던 사회·공산주의 사상에 대해 기독교인 입장에서 적극적으로 이해·수용·활용하였던 분이다.

이대위 선생은 1896년 10월 12일, 평안북도 용천군 양하면 시동동에서 아버지 이항준 선생과 어머니 한옥오 여사 사이에서 태어났다. 그의 본명은 원규(元奎)며, 본관은 경주다. 그의 선대에 대해서는 아직까지 자세히 알 수 있는 자료가 없다. 그가 태어난 평북 용천은 압록강 하류에 있는 신의주의 남서쪽에 위치하여 압록강의 최하류이면서 서해 바다에 접해 있는 해안 일대로, 제법 넓은 평야가 펼쳐 있어 용천평야라 부르는 곳이다. 용천은 한국의 초기 기독교 선교가 가장 활발하였던 한반도 서북지방에 속한다. 그렇기 때문에 이대위 선생이나 그의 선대에 일찍부터 기독교에 접했을 가능성은 충분히 있지만, 실제로 이대위 선생이 기독교에 입교한 경위는 잘 알 수 없다.

1910년, 조선(대한제국)은 일본 제국주의에 의해 강점되었다. 이해 열다섯 살이 된 이대위 선생은 평안북도 선천에 있는 '신성학교'에 입학하였다. 선천은 용천에서 남동쪽으로 60km 정도 떨어진 곳으로 역시 서해바다에 접해 있는 평야지대다. 이곳에는 1899년 미국 북장로회(北長老會) 선교사들이 세운 '선천선교부'가 있어 평안북도 지역의 기독교 선교 중심지 가운데 한 곳이다. 또, 선천선교부에서 설립, 운영하던 '신성학교', '보성여학교' 등의 학교는 기독교 정신으로 학생들을 교육하던 곳이다. 이곳의 선교사들은 한국(조선)이 일본에 강점된 현실을 매우 안타깝게 여기고 학생들에게 자주독립정신을 은연중 가르치고 있었다.

이처럼 신성학교는 기독교 계통의 민족학교로, 특히 1911년에 일어난 '105인 사건'의 진원지가 되었다. '105인 사건'은, 일제가 불법적인 한국 지배를 강행하기 위해, 일제에 항거할 만한 한국인 지도자들을 탄압할 목적으로 조작한 사건이다. 이때 신성학교의 교사와 학생들 다수가 '105인 사건'에 연루되어 탄압을 받았다. 소년 이대위도 이 '105인 사건'의 혐의자 중 하나로 수배되었으나 가까스로 만주로 탈출하였으며, 이 사건이 일제의 날조에 의한 민족운동·기독교 세력 탄압책으로 드러나 종결된 이후에 다시 국내로 돌아올 수 있었다. 이처럼 평북지방의 민족운동과 기독교 선교에 핵심적인 역할을 한 교육기관의 하나인 신성중학교에서 소년 이대위가 교육 받았다는 사실은 그의 기독교인으로서의 성장과 민족운동가로서의 활약에 지대한 기초를 형성하였다.

이대위 선생은 국내로 돌아와서 신성중학교에 복교, 1913년 8월에 졸업하였으며, 곧 중국으로 건너가 '북경 재정상업학교'에 입학, 1916년 8월에 졸업하였다. 곧이어 9월에는 '북경대학교' 정치학과에 입학하여 1920년 8월에 졸업하였다. 그는 이 북경대학 재학 시절부터 본격적으로 YMCA 운동과 독립운동에 투신하였다.

이대위 선생이 청년 시절에 주로 중국으로 건너가 수학한 데에는 그의 거주지역이 중국과 가까운 이유도 있겠지만, 앞으로 민족운동을 위해서는 아직 제국주의에 강점되지 않은 중국을 무대로 하는 것이 필요하다고 생각하였기 때문이다.

이대위 선생이 언제부터 이름을 본명인 '이원규(李元奎)'를 쓰지 않고 '이대위(李大偉)'라고 고쳐 사용하였는지 그 시기와 경위를 자세히 알 수는 없지만, 그가 1921년 서울YMCA에서 활동할 때에 이미 이 이름을 사용하고 있고, 죽을 때까지 공식적으로 이 이름을 사용하고 있음을 알 수 있다. 아마도 '105인 사건'에 연루되어 피신할 때 안전을 위해 변성명했을 가능성이 있는데, 이때 기독교적인 이름으로, 곧 성경에 나오는 인물인 '다윗'의 한자음인 '대위(大偉)'로 고침으로써 기독교 신앙을 삶의 가치관으로 삼겠다는 의지를 나타낸 것으로 보인다.

여기서 참고로 한 가지 덧붙이자면, 일제 강점기 우리나라 기독교계에는 두 분의 이대위 선생이 있었다. 한 분은 이 글에서 다루고 있는 이대위(李大偉) 선생이고, 다른 인물은 재미(在美) 한국인 독립운동단체인 '대한인국민회'(약칭 국민회) 북미지부 중앙총회장을 역임하였고, 〈신한

이대위가 활동하던 YMCA 초기 회관 건물 : 실업부 및 체육관을 증축 중인 모습(1914)

초기 YMCA 지도자들 : 앞줄 두 번째부터 이대위, 윤치호, 브록크만, 이상재, 에비손, 이인영, 홍병덕 등이 있고, 가운뎃줄에 바른하트, 신흥우, 뒷줄에 구자옥, 육정수 등이 보인다.(1907년 사진으로 추정)

민보〉 주필로 활약하였으며, 샌프란시스코 한인교회를 오랫동안 담임한 이대위(李大爲) 목사다. 이대위 목사님은 성경의 다니엘을 '대위(大爲)'라 표기하여 자신의 이름으로 불렀다고 한다.

1920년대 기독교사회주의자로서의 활약

이대위 선생의 생애 가운데 1920년대, 일종의 기독교사회주의자로서 활약하던 때가 우리의 주목을 끈다. 선생은 1920년 겨울 북경대학 졸업을 전후하여 몇몇 동지들과 재북경한국인YMCA인 '고려기독교청년회'를 창설하여 활동하였다. 이대위 선생이 북경에서 학교를 다니고 있던 1919년에 한국에서는 3·1운동이라는 거족적(擧族的)인 민족독립운동이 일어나 커다란 반향을 일으켰다. '고려기독교청년회'는 1919년 3·1운동을 전후하여 중국 북경 방면으로 유학 또는 망명해 오는 학생들을 대상으로 조직되었다. 그 창설 경위를 보면 3·1운동 당시 세브란스 의학 전문학교의 학생 대표로 활약했던 이용설이 북경으로 망명하여 이미 북경대학에 재학 중이던 이대위·문승찬, 그리고 노하중학에 재학 중이던 장자일 등과 같이 홍리회(洪理會)예배당에서 고려기독교청년회를 창설한 것이다.

한국인 유학생을 중심으로 한 이 청년회의 사업으로는 한국인 유학생들의 숙식 알선과 어학지도 및 학교 입학 알선 등을 추진하였으며, 1924년 6월에는 조선기독교청년회연합회(YMCA 연합회)에 정식으로 가입하여 재정 지원을 받기도 하였다. 이대위 선생은 이 고려기독교청년회의 창설 멤버로서, 이때에 벌써 이사장이라는 중추적인 책임을 맡아 활동하였으며, 재미한인교회와 '재미대한인회 북미지부' 등과 연결하여 그 재정지원으로 독립운동에 힘쓰기도 하였다.

북경대학을 졸업한 이대위 선생은 1921년에 귀국하여 YMCA 연합회 학생부 간사로 취임하였다. YMCA 연합회 학생부는 각 지역에 조직되어 활동하는 학생YMCA를 지도하고 지원하는 일을 맡고 있었는데, 1921년 말 현재 상황을 보면 전국의 12개 학교에 학생YMCA가 조직되어 있었고, 1925년 말에는 18개로 늘어났다. 학교 명단을 들면, 광성고보, 오산고보, 신흥중학, 영생중학, 호신중학(마산), 영흥중학(목포), 경성의전, 배재고보, 숭실전문, 감리교신학, 연희전문, 세브란스의전, 숭일중학(광주), 계성중학(대구), 신성중학(선천), 숭실중학(평양), 교남중학(대구), 숭인중학(평양) 등이었다.

이대위 선생은 YMCA 학생부 간사로 있으면서 한국의 학생YMCA를 일본의 학생YMCA 예속관계에서 분리·독립하여 '세계학생기독교연맹(WSCF)'에 독립된 단체로 가입케 하는 일에도 공헌하였다. 그 과정을 보면, 1922년 4월 북경에서 열린 세계 학생기독교 동맹 대회에 한국의 YMCA 연합회에서는 회장 이상재, 총무 신흥우, 학생부 간사 이대위, 내시(W.L. Nash), 이화학당의 김활란, 광주의 김필례 등을 대표로 참석케 하였고, 1924년 8월에 영국의 하일리그에서 열린 '세계학생기독교연맹' 총회에서 한국YMCA 학생부가 연합하여 가입함으로써 일본YMCA와는 분리·독립된 주체적인 활동을 하기에 이른다.

한편, 1920년대는 3·1운동 이후 새로운 사회 개혁의 세계적 조류가 된 사회·공산주의 사상이 우리나라에도 급속히 확산되던 때로서 기독학생들에게 있어서도 비상한 관심의 대상이 되고 있었다. 이때 이대위 선생은 주로 YMCA 기관지 〈청년〉에 이 사회·공산주의 사상에 대한 폭넓은 이해를 바탕으로 일종의 기독교사회주의라 할 수 있는 논지의 다양한 글을 발표하여 학생·청년층을 지도·계몽하려 애쓰고 있다. 이대위 선생은 〈청년〉 지 외에도 여러 신문이나 잡지에 활발하게 글을 발표하고 있는데, 참고로 〈청년〉 지에 발표하였던 글의 제목들을 표로 나타내 보면 〈표 1〉과 같다.

〈표 1〉 : 〈청년〉 지에 게재된 이대위 선생의 글 목록

호수	발행년월	제목	비고
창간호	1921. 3	청년과 사회	
1권 2호	1921. 4	연희전문학고 방문기	
1권 3호	1921. 5	학생 청년의 활동	
1권 4호	1921. 6	진교육과 진생활	
1권 7호	1921. 10	죠지 윌니암스 선생의 백년기념	
1권 9호	1921. 12	학생 청년회에 대하야	
2권 1호	1922. 1	여자의 경제적 독립	
2권 3호	1922. 3	인종개량 문제의 전쟁관	
2권 4호	1922. 4	세계 기독청년회동맹 25주년 약사	
2권 5호	1922. 5	제11차 만국기독교학생동맹대회 경과사항	
2권 8호	1922. 9	조선기독교학생청년회 하령회기(夏靈會記)	
2권 10호	1922. 11	니체의 철학과 현대문명	
2권 11호	1922. 12	현대 구미인의 교육사상(1)	
3권 1호	1923. 1	현대 구미인의 교육사상(2)	
3권 2호	1923. 2	세계 미래의 인구문제와 그의 대책	

3권 3호	1923. 3	근대 철학 대가와 기독의 사상	
3권 4호	1923. 4	현대 로서아문학 중의 염세주의	
3권 5호	1923. 5	사회주의와 기독교사상	
3권 6호	1923. 6	나의 이상하는 바 민족적 교회	
3권 7호	1923. 7~8	세계 각오 중 반도의 노동문제	
3권 8호	1923. 9	사회주의와 기독교의 귀착점이 엇더한가?	
3권 9호	1923. 10	사회주의와 기독교의 귀착점이 엇더한가?(2)	
3권 10호	1923. 11	비종교주의와 조선사회의 장래	
3권 11호	1923. 12	나의 고찰한 바 사회개조운동의 정서	
4권 1호	1924. 1	인류사회를 개조하는 근본적 방침	
4권 2호	1924. 2	금일 사회개조의 급무와 종교상 절대의 책임	
4권 3호	1924. 3	민주화할 금일의 이상적 생활의 실현	
4권 4호	1924. 4	민주화할 금일과 합작운동의 실현	
4권 5호	1924. 5	민중화할 금일과 농촌개량 문제	
4권 6호	1924. 6	금일 조선인의 호성	
4권 8호	1924. 8	세계 각오 중 조선의 노공문제	
4권 9호	1924. 9	세계 최근 사조의 경향	
4권 10호	1924. 10	최근 세계적 운동인 합작사업의 개관(1)	
4권 11호	1924. 11	최근 세계적 운동인 합작사업의 개관(2)	
5권 5호	1925. 5	도미일속(渡米一束)	도미중
5권 6호	1925. 6	도미일속(2)	〃
5권 7호	1925. 7	도미일속	〃
5권 8호	1925 .8	인생관이 참으로 이럴까요?	〃
5권 9호	1925. 9	인생관이 참으로 이럴까요?	〃
7권 7호	1927. 9	미주의 학생생활	귀국
7권 8호	1927.10	금일 조선이 요구하는 인물	

7권 9호	1927. 11	금일 조선이 요구하는 인물(속)	
7권 10호	1927. 12	금일 조선이 요구하는 인물	
8권 1호	1928. 1	금일 조선이 요구하는 인물(4)	
8권 2호	1928. 3	(제목 및 본문 삭제 당함)	
8권 3호	1928. 4	단결론	
8권 4호	1928. 5	단결론(2)	
8권 5호	1928. 6	사회혁명의 예수	
8권 7호	1928. 9~10	내가 만일 진정한 애민자가 되랴면	
8권 8호	1928. 11	금일 조선 청년의 훈련문제	
9권 5호	1929. 5	학생 기독교청년회 임원들에게	
9권 6호	1929. 6	세계학생 기독교연맹 약사	
9권 7호	1929. 7	하계를 엇더케 선용할까?	
9권 9호	1929. 10	열정 봉사의 예수	
10권 3호	1930. 5	근대 청년의 병태와 그 치료법	
10권 4호	1930. 6	청년의 포부와 사업의 성공	
10권 5호	1930. 7~8	제10회 학생하령회의 의의	
10권 6호	1930. 9	하령회에 나타난 나의 감상	
10권 7호	1930. 10	조선청년의 심정상태와 사회생활의 묘제	
10권 8호	1930. 11	조선청년과 의협심	
10권 9호	1930. 12	청년성공담	
11권 2호	1931. 2	전환기에 있는 세계기독교의 진상	
11권 8호	1931. 9	혁명의 진의	
12권 1호	1932. 1	구심운동	
12권 8호	1932. 9	세계기독교의 진상	
12권 9호	1932.10~11	세계기독교의 진상(2)	

이 글들의 내용은 사회·공산주의에 대한 이해, 사회개혁과 민족운동의 방법들, 특히 기독교적 가치관에 입각한 사회개혁론, 곧 일종의 기독교사회주의, 그리고 한국교회 개혁론 등 매우 다양한 것들을 포함하고 있다. 당시 한국의 기독교계에서는 사회·공산주의 사상에 대해 대체로, 우리와는 무관한 사상이라 하면서 무관심할 것을 주장하는 사람들, 기독교와는 양립할 수 없는 사상이니 적극적으로 배격해야 한다고 주장하는 사람들, 그리고 사회·공산주의 사상도 모순이 가득한 이 세상을 바람직하게 변화시켜 나간다는 면에서 기독교와 일맥상통하는 것이라고 하여 서로 이해하고 협력하고 좋은 것을 받아들여야 한다고 주장하는 사람들이 있었다.

바로 세 번째 부류의 기독교 지도자들로서 이대위 선생을 비롯하여 헐버트·전덕기·김창준·유재기·이동휘·여운형·김규식·김준성·최문식 등 다양한 인물들이 있었다. 1920년대의 한국YMCA는 사회 경제적 조건, 사상적 조건, 집단적 특성 등의 영향을 받으면서 사회·공산주의 사상에 대하여 포용적인 입장을 취하는 일종의 기독교사회주의 사상을 형성하고 있었는데, 이대위 선생이 YMCA 학생부 간사로서 〈청년〉 지 등에 발표한 글들은 YMCA가 지닌 개혁적 신념체계의 대표적인 내용이라고 할 수 있다.

일제 강점기 후반의 사회 변화와 이대위 선생

이대위 선생은 1924년, YMCA의 간사 해외 훈련계획의 일환으로

'세계기독교청년회연맹'의 지원을 받아 도미(渡美)하였다. 그는 미국 예일대학 사회학과에서 수학하였으며 1925년에는 뉴욕의 콜롬비아대학 교육대학원에 입학하여 1927년에 졸업하면서 석사학위를 받았다. 예일대학은 미국 코네티컷(Connecticut) 주의 교육 도시 뉴 헤이븐(New Haven)에 있는 사립 종합대학교로, 미국 동부 8개 명문 사립대학을 지칭하는 아이비리그(Ivy League)에 속한 전통의 명문 대학이며, 뉴욕의 콜롬비아대학도 역시 아이비리그에 속하는 전통의 명문대학이다.

이대위 선생은 미국에 체류, 수학하면서 당시 미국에서 활약하고 있던 도산 안창호 선생 등 항일독립운동 지도자들과 만나 깊이 교류, 협력한 것으로 알려져 있다. 1927년 콜롬비아대학 교육대학원을 마친 이대위 선생은 그해 귀국하였다.

이러한 도미의 경험은 이대위 선생에게 하나의 변화를 가져다준 것으로 추측된다. 곧, 1921~24년에 활발히 사회주의·기독교사회주의·사회개혁 등에 관련된 진보적인 글을 발표하고 활동하던 것에 비하여, 이후에는 관련된 글을 발표하는 횟수도 현저히 줄었고, 그 내용도 진보적 내용들에서 멀어지는 경향을 보이고 있다. 이는 이대위 선생이 자본주의의 본고장인 미국에서 보고 들은 것을 통해 개인적으로 사고와 가치체계에 있어 어떤 변화를 가져온 것일 수도 있고, 1930년대에 이르러 한국 기독교가 보수화 경향을 짙게 나타내면서 진보적 기독교인들이 위축되고 보수적인 기독교인들의 주도권이 강화되는 시대적 상황과 연관되는 현상으로도 보인다.

그러한 때문인지 이대위 선생은 1927년에 귀국한 후 보수 신학적 교단인 장로교의 청년연합기관 '기독청년면려회(勉勵會)'의 조선연합회 총무 직을 맡기도 하였으며, 1928년 서울 연희전문학교에서 열린 이 연합회 제1차 하기대회에서는 회장으로 선출되어 활동하기도 하였다. 또, '기독동우회' 라는 단체를 설립하기도 했으며, 1931년에는 의사(醫師) 유석창(劉錫昶)을 도와 가난한 사람들을 위한 의료기관인 민중병원을 설립, 그 이사의 한 사람으로 힘을 보태기도 하는 등 나름대로 활동을 게을리 하지 않았으나 신앙적으로는 대체로 보수적인 경향을 띠기 시작하였다.

1935년, 일제의 YMCA 등 민족운동 성격의 단체에 대한 통치와 감시가 더욱 강화될 즈음에 YMCA에서는 신흥우 총무를 비롯하여 이건춘·이대위 등 주무간사들이 YMCA를 떠나는 일을 당하게 되었다. 이대위 선생은 이런 상황에서도 어떻게든 민족운동의 대열에 힘을 보태려 노력하여 기독교계 민족운동 단체인 '수양동우회' 에 참여하였다. 수양동우회는 안창호가 주도한 홍사단의 국내조직으로, 1922년 이광수 등에 의해 조직된 '수양동맹회' 와, 1923년 김동원 등에 의해 조직된 평양의 '동우구락부' 가 1926년에 합동하여 조직한 단체다.

'수양동우회' 는 겉으로는 인격수양과 민족개조 등을 표방한 친목수양단체임을 자처하여 일제의 탄압을 피하면서, 이면적으로는 민족의식의 고취와 민족의 실력 배양을 통한 주권 회복을 목표로 삼고 있었다. 1929년에는 조직의 체질을 개편하여 단순한 수양이 아니라 적극적인 민족운동을 추진하기로 하고 그 명칭을 '동우회' 로 바꾸어 활약하게 되었다. 이 단체에는 주로 서북지방 출신의 장로교인들이 많이 참여하였는데, 서울의 주요한·이용설·김윤경·이대위·이윤재 등과, 평안도의 김동원·백영엽·정인과·김성업·김선량·김항복·김하현·한승곤·한승인, 그리고 함경북도의 송창근 등이 주요 인물이었다.

1937년, '동우회'는 일제에 의해 탄압받고 그 주요 인물들이 검거되어 재판에 회부되게 되는데, 그 경위를 보면, 1937년 5월 '기독교청년면려회' 서기 이양섭이 35개 국내 지부에 발송한 금주운동 관계 인쇄물에 "멸망에 함(陷)한 민족을 구출하는 기독교인의 역할"이라는 문구가 일제 경찰에 발각되었다. 일제 경찰은 이양섭을 취조하여 그 배후에 이용설·정인과·이대위·주요한·유형기 등 동우회 인사들이 관계되어 있다는 것을 알고 이들을 검거하기 시작하였다. 그리하여 서울·평양·선천·안악지회의 관계자 181명을 치안유지법 위반으로 검거하여 이들 중 42명을 기소하였는데 이대위 선생도 이들 기소자 중의 한 사람이었다. 이들은 결국 1941년 10월 제3심 공판에서 무죄 판결을 받아 석방되기까지 수년간을 감옥에서 모진 고생을 해야 했다. 일제는 이들을 회유·이용하려는 술책에서 일단 무죄로 풀어준 것이었다.

일제의 회유책으로 풀려난 기독교 지도자들 중에 상당수는 이후 실제로 친일적 행각을 보인 경우가 많았는데 이대위 선생의 경우는 1941년에서 1945년 해방될 때까지 뚜렷한 활동 상황이나 행적을 찾아볼 수 있는 자료가 별로 없다. 수많은 교회지도자들이 일제의 회유와 탄압에 못이겨 부일행위에 나서기도 하고, 또 수많은 기독교인들이 끝까지 신사참배 반대와 항일운동으로 순교하거나 투옥되어 고통당하던 이 시기에 이대위 선생 같은 기독교계 유력 인사가 어떻게 지냈는지는 아직 구체적인 자료를 찾지 못하였다. 깊이 은거하여 일제의 회유와 탄압을 피했을 것으로만 추측할 뿐이다.

해방 이후의 활동

해방 후 이대위 선생은 은거 중 홀연히 나타나 미군정하의 과도정부에서 노동부장을 맡아 일함으로써 대한민국의 건국과정에 참여하였다. 그가 어떤 경위로 이 직책을 맡게 되었는지는 잘 알 수 없지만, 그의 1920년대에 있어서의 사회·공산주의운동 및 노동운동에 관한 폭넓은 이해, 기독교 사회주의자로서의 활동 경력 등이 그 주요한 요인이 되었던 것으로 생각된다. 1947년에는 국영 삼척탄광의 이사장이 되어 자원 개발에 힘쓰기도 하였는데, 이는 그가 실제 산업 분야에서 활동한 대표적인 예에 속한다고 할 수 있다. 1950년에는 마침 미 국무성의 주선으로 노동·사회문제 연구를 위한 미국 시찰 여행길에 오름으로써 6·25전쟁의 와중을 피하기도 하였다.

귀국 후 1952~53년에는 주일대표부 노동관에 임명되어 도일, 재일교포의 지위 향상을 위한 노력과 권익사업에 주력하였다. 이때 이대위 선생은 해방 후 재건된 '재일본 한국YMCA'에도 참여하여 1951년 3월에 이 YMCA의 이사장으로 선임되었다. 이 시기에 재일 한국YMCA의 주요 관심사는 한국의 6·25전쟁으로 인한 전재민 구호품과 위문품을 모아 보내는 일이었으며, 재일YMCA의 재정비와 회관 수리, 재일 한국인 교회 지원 등이었는데, 이대위 선생은 이런 일들에 많은 공헌을 하였다.

일본에서 귀국한 이후에는 '정치대학(현 건국대학교의 전신)'의 설립자인 유석창과의 오랜 인연으로 1955년에 이 학교의 재단이사 및 부교수로 부임하여 유석창을 도와 교육 사업에 헌신하였다. 1955년부터 1971년까지 정치대학 및 건국대학교의 재단이사를 지냈으며, 1957년부

이대위가 유석창 박사를 도와 설립 등에 관여한 건국대학교의 초기 건물
(종로구 낙원동 소재의 구 서북학회 회관)

터 1961년까지 2부대학장, 1963년부터 1966년까지 부총장을 역임하였다. 특히 그가 부총장으로 봉직하는 기간에 이 학교에는 정대위 박사가 총장으로 재직하여 유석창 재단이사장과 함께 기독교정신을 기초로 한 교육 사업을 활발히 추진하였다. 이러한 공로로 이대위 선생은 1963년에 건국대학교에서 명예법학박사 학위를 받기도 하였다. 또, 1963년 3월에는 정부로부터 건국공로 대통령 표창을 받았다.

1966년 3월, 70세로 건국대학교 교수직을 퇴임한 후에도 명예교수로 추대되어 1982년 별세할 때까지 교육에 종사하였고, 그 외에 건국대학교 법인 산하의 기업체를 맡아 운영하기도 하였으며, 1972년 건국대학교 설립자 유석창이 별세한 후에는 유석창 박사 기념사업인 '상허기념사업회'를 설립·운영하는 등 건국대학교에 깊이 관여하였다.

이와 같이 이대위 선생은 주로 건국대학교에서 교육에 종사하면서 한편으로는 왕성한 사회활동에 참여하였다. 그 중요한 활동을 보면,

1965년 국제라이온스협회 한국지구 총재를 역임하는 등 라이온스에서의 활동, 1971년 흥사단 이사장을 지내는 등 흥사단에서의 활동, 각 대학 학생들을 중심으로 조직한 한국자활단(회)의 창설·운영 등을 들 수 있는데, 이것들은 대개 한국사회의 체제 안에서 심신단련·근검절약·건전생활·근면봉사활동 등을 통해 사회 발전에 기여해 보겠다는 소박한 이념과 목적을 가진 것들이었다.

그밖에도 다양한 분야에 관심과 활동을 보여주고 있는데, 유정학회·한국역술학원·한국효성회·한국자연치료회·이스라엘문제연구소·국제개발협력회·종교연합세계평화의회 등 단체에 관여하였다. 이대위 선생은 스스로 100세까지는 충분히 살 수 있다고 호언할 정도로 강건한 편이었으나 갑작스러운 낙상 사고로 약해진 후 1982년 10월 5일 87세의 나이로 별세하였으며, 장례는 건국대학교 장으로 치러졌다. 이대위 선생의 가족관계를 살펴보면, 그의 형제간 등은 자세히 알 수 없으며, 첫 부인 송성문 여사와의 사이에서 1남 2녀를 두었으나 모두 어려서 사망하였

獨立유공자 李大偉옹

독립유공자 李大偉옹(사진)이 5일 밤10시 서울鍾路구 平倉동 177의9 자택에서 별세했다. 향년76세.
李옹은 일제하에 기독교회를 창립, 독립운동을 벌였으며 광복후에는 과도정부노동부장, 건국대부총장, 흥사단이사장을 역임했고 민중병원을 설립했다. 발인 9일 오전9시. ㉔9627.

이대위 서거 소식을 전하는 신문 기사(1982.10.07 동아일보)

고, 후처인 신복례 여사와의 사이에서 3남을 두었다.

끝으로, 이대위 선생의 저서들을 보면, 《조선청년의 나아갈 길》, 《재일한교의 실태와 그 대책》, 《신생활지침 자활단해설》, 《심신재무장론》, 《구국지침 자립생활실천론》 등이 있다. 이 가운데 그의 면모를 알 수 있는 두 책을 소개하면 다음과 같다. 우선, 1952년 그가 일본에 있을 때 저술한 《재일한교의 실태와 그 대책》을 보면, 그가 일본에서 100여 지방을 직접 다니면서 각지에 산재한 한국교포들의 사회 및 노동문제를 살펴본 결과로 쓰게 된 책이라고 하였다. 그는 이 책에서 재일교포의 경제·사회·교육·종교·정치, 그리고 실업문제 등을 나름대로 살피어 적고 그 대책들을 제시하고 있다.

1977년에 발간한 《구국지침 자립생활실천론》은 해방 이후 그가 나름대로 한국사회의 발전을 위해 힘을 기울여 주장해 온 '자립갱생'의 생활윤리에 대한 주장·소감 등을 정리한 책이다. 사회개혁이나 체제개혁에 대한 이야기보다는 개인 윤리적 차원에서 머물러 있는 글들로, 선생의 해방 이후의 변모를 나타내주고 있는 책이다. 기타, 다른 그의 저작들도 대체로 이러한 내용들을 담고 있다.

이상으로 이대위(1896~1982) 선생의 생애와 활동을 개괄하여 보았다. 이대위 선생은 본명이 이원규며, 일찍이 기독교 선교가 가장 활발하였던 한반도 서북지방의 용천에서 태어나 기독교에 접할 수 있었고, 곧이어 기독교계 민족학교인 선천 신성학교에 입학하여 기독교인으로 성장하면서 민족운동가로서 눈뜨게 되었다.

청년기에는 북경에 유학함으로써 세계정세와 흐름에 접할 수 있었고, 이때부터 주로 YMCA를 중심으로 활동함으로써 기독교를 통한 민족운동에 힘을 기울이게 되었다. 특히, 1920년대에는 당시 세계적 조류 속에서 새로운 민족운동과 사회개혁 이념으로 한국 사회에 크게 풍미하던 사회·공산주의 사상에 관해 기독교인으로서는 가장 진보적으로 이를 이해·수용하여 일종의 기독교사회주의 사상으로까지 나아갔던 인물 중의 하나로 주목 받는다. 그러나 1930년대에 이르러서는 이대위 선생 자신의 가치관 변화와 한계, 시대 상황의 변화와 제약 등으로 인해 더 이상 사회·공산주의 사상에 대한 관심을 발전시키지 못하고, 수양동우회 등 우파적 기독교 진영의 민족운동에 만족하였다.

해방 이후에는 한국의 정치·사회 체제 안에서 개인의 윤리관에 입각한 사회운동에 나름대로 정열을 바쳤고, 교육 일선에 주로 종사하였다. 만년에는 다양한 단체에 관여하여 활동을 하기도 하였다. 87세의 긴 생애를 통하여 이대위 선생은 나름대로 자기 신념 속에서 민족운동·사회개혁운동에 힘을 기울였으며, 한국사나 한국기독교사에서 일정한 의미를 갖는 인생이었다고 할 수 있다.

제5장

광주·전남 근현대사의 거목
오방 최흥종 목사

한규무 교수
(광주대학교 관광학과)

최흥종 1879~1966

광주·전남 근현대사의 거목
오방 최흥종 목사

한국의 YMCA는 설립 이래 민족과 교회를 이끈 많은 지도자들을 배출했으며, 광주YMCA 또한 예외가 아니었다. 그중에서도 오방(五放) 최흥종(崔興琮, 1880~1966) 목사는 가장 대표적 인물이며, 아직도 그의 영향을 받은 많은 이들이 지역사회에서 중추적 역할을 맡고 있다.

하지만 광주·전남 이외의 지역에서는 그를 아는 이들이 그리 많지 않다. 그는 서울의 YMCA에서 활동한 이상재·신흥우·홍병선 못지않은, 아니 오히려 그 이상으로 다양한 분야에서 활동하며 성과를 거두고 영향을 끼쳤는데도 말이다.

광주·전남의 근현대사에서 가장 뚜렷한 족적을 남긴 인물 한 분을 꼽으라면 필자는 주저없이 최흥종을 내세운다. 그의 일생은 YMCA뿐 아니라 조국과 민족, 교회와 사회, 그리고 빈민·병자 등 소외계층을 위한 헌신과 희생으로 가득 차 있기 때문이다. 특히 나환자를 위해 쏟은 피와 땀, 눈물 때문에 그는 '성자(聖者)'라 불리기도 한다. 이제 간략하게나마 그의 생애를 더듬어보자.

출생과 성장, 민족의식, 기독교 신앙

오방 최흥종의 어릴 적 모습

최흥종은 1880년 5월 2일 광주에서 탐진 최씨 최학신과 국씨 부인의 차남으로 태어났다.

초명은 '영종(泳琮)' 이었다. 5세 때 모친을 잃고 계모인 공씨 밑에서 자란 그는 서당에서 한문을 배웠고, 1895~1900년 사이에 강명환과 결혼했다. 한때 그는 장터에서 '주먹'으로 유명했다.

그는 미국남장로회 복음선교사 벨(Eugine Bell, 배유지)의 사택에서 1904년 12월 25일 열린 '광주 최초의 예배' 에 참석하면서 기독교인이 되었다. 그가 교회에 나오게 된 배경이 무엇인지는 정확치 않으나, 한말 경찰의 총순(總巡) 출신으로 목포와 광주의 복음화에 앞장선 김윤수의 영향을 받았다. 그는 1907년 세례를 받으면서 '영종' 에서 '흥종(興琮)' 으로 개명했다.

이어 그는 1905년 광주군 경무청의 순검(巡檢)이 되었다. 여기에는 총순 출신인 같은 교회 집사 김윤수의 영향이 있었다고 알려져 있다. 그리고 그가 순검으로 있으면서 붙잡힌 의병들을 몰래 풀어줬다는 일화가 광주에서는 유명하다. 그는 순검으로 있으면서 안규홍 휘하의 의병 12명을 화순에서 압송하던 중 몰래 풀어줬으며, 순창에서 총살 직전의 의병 6명을 감옥에서 풀어줬고, 의병 백낙구·이백래·임창모 등이 수감되었을 때도 따뜻하게 돌봐주었다. 또 의병장 채기문을 체포하라는 명령을 받고 미리 그에게 알려줘 도망치게 했으며, 보성의 의병장 임창모의 부하 10여 명도 계책을 세워 살려주었다.

그러던 그는 1907년 순검을 사직했는데 그 계기가 국채보상운동이었다. 그는 1907년 3월에 조직된 것으로 보이는 광주의 국채보상운동 단체인 대동의상회(大同義償會)의 발기인이었으며, 그 회원으로서 40전을 의연했다.

그는 "간판을 떼어오고 주동자를 체포하라"는 상관의 명령을 받고 순검을 사직했다. 그 같은 명령이 아니었더라도, 을사조약·정미조약을 거치며 일제의 주권침탈이 날로 거세지는 상황에서 민족의식을 가진 그가 계속 순검으로 있기는 어려웠을 것이다.

순검을 사직한 그는 광주농공은행(光州農工銀行)에서 잠시 근무하다 이마저 사직하고 1908년 3월 남장로회 의료선교사 윌슨(Robert M. Wilson, 우일선 또는 우월순)의 어학선생 겸 광주선교진료소 조수로 취직했다. 그리고 같은 해 양림리교회 집사가 되었으며, 1909년 4월에는 남장로교 의료선교사 포사이드(Wiley H. Forsythe)를 만나 감화를 받고 더욱 독실한 신앙인이 되었다. 한국인 여성 나환자를 조금도 거리끼지 않고 정성껏 치료해주는 '이방인' 포사이드의 모습을 보고 최흥종은 크나큰 충격을 받았다. 그 후 그는 평생을 나환자 구호에 헌신했다.

신학교 입학, 3·1운동과 투옥

일제의 강점 이후 최흥종은 광주선교진료소에서 발전한 광주제중원의 '사무인'으로 재직하며 1912년 나환자교회인 봉선리교회의 설립에 참여했다. 같은 해 북문안교회의 장로가 되었으며, 1913년에는 북간도선교사를 지원했으나 노회와 총회의 허락을 받지 못해 좌절되었다. 1914년에는 장로교 평양신학교에 입학했다. 그러나 직장은 여전히 광주제중원이었다.

이처럼 신앙생활과 구제활동에 전념하던 최흥종이 민족운동에 적극 나서게 된 계기는 1919년 3·1운동이었다. 그는 3월 2일 서울로 올라와 김필수·김철과 함께 국기열의 주선으로 김범수를 만나 광주에서의 만세시위에 대해 협의했다. 그리고 3월 5일, 남대문 역전에서 만세시위가 일어났을 때 그는 인력거 위에 올라가 〈신조선신문〉(新朝鮮新聞)이란 유인물을 나눠주며 '민족자결주의'에 대해 연설했다. 이어 그는 남대문에서 대한문까지 시위대의 선두에 섰고, 다시 인력거 위에 올라가 '조선독립'이라 써진 깃발을 흔들며 독립만세를 외쳤다. 그 결과 그는 일경에 붙잡혀 재판에서 '보안법' 위반으로 징역 1년을 언도받았다.

〈신문조서〉에 따르면, 그는 평소 '한일합방'에 대해 반감을 갖고 조선의 독립을 희망했다. 그리고 "조선인과 일본인의 대우가 틀린 것, 교육제도가 불완전한 것, 조선인은 참정권이 없는 것, 총독의 정치는 무단정치로서 조선인과 일본인이 동화되지 않는다는 것" 등에 대한 불만을 품고 있었다. 그러던 중 1918년 7월경 윌슨 대통령의 '민족자결주의'에 자극을 받아 전국을 돌며 조선의 독립에 대한 강연을 하려고 계획했다. 그리고 고종이 승하하자 "국장 구경을 겸해 독립사상의 고취를 위한 연설을 하기 위해" 3월 2일 서울로 올라왔으며, 만약 이때 체포되지 않았다면 전국을 돌며 조선의 독립에 대해 연설할 계획을 갖고 있었다고 진술했다. 그리고 앞으로도 독립운동을 계속하겠느냐는 질문에 대해 "나는 독립이 될 것으로 믿고 있으며, 어쨌든 나로부터 독립사상은 사라지지 않을 것이다"라고 단호히 대답할 정도로 굳은 민족의식을 갖고 있었다.

최흥종 개인의 3·1운동 참여는 이렇게 끝났지만, 광주에서의 만세시위는 3월 5일 광주에 내려온 김철의 주도로 계획이 이뤄졌다. 이날 밤 남궁혁의 집에서 모인 인사는 강석봉·김태열·서정희·최병준·최영균·최정두·한길상·홍승애·황상호 등 '북문안교회 교인'과 강생기·김복수·박팔준·정상호·최한영 등 '삼합회 회원'이었다. 이들은 '선언서·태극기 준비'(최한영)·'일반시민 동원'(서정희)·'기독교인 동원'(김강)·'수피아여학교생 동원'(홍승애)·'숭일중학교생 동원'(최병준)·'기타학교 학생 동원'(김용규·김태열·최영균)·'자금 조달'(이기호) 등 업무를 분장했다. 이들의 주도로 광주에서는 3월 10일 만세시위가 이뤄졌다.

그런데 서정희·최한영·한길상 등은 1920년대 중반 이후 사회주의 계열에서 활동한 인물들이다. 한길상의 기독교인 여부는 확실치 않으나, 서정희는 한때 양림교회 교인이었으며 최흥종과도 친밀한 사이였다. 뒷날 최흥종으로 대표되는 민족주의 계열과 서정희로 대표되는 사회주의 계열이 이미 3·1운동 당시에 제휴하고 있었다는 점에 주목할 필요가 있다.

목회, 시베리아 선교, 사회운동

3·1운동에 참여했다 투옥된 최홍종은 1920년 6월 출옥했다. 그리고 다음 달인 7월 광주YMCA가 창립되었다. 하지만 그는 한동안 여기서 직책을 맡지 않았다. 출옥한 지 얼마 되지 않은 인물이 임원을 맡는다는 것이 광주YMCA에 부담을 줄 것을 우려했기 때문이었을 것이다. 그는 다시 평양신학교에서 학업을 계속했고, 북문밖교회 담임목사를 맡으며 같은 교회에 유치원을 설립했다.

최홍종은 재판과정에서 자신의 "독립사상은 사라지지 않을 것"이지만 앞으로 "전도에만 전념하여 종사하고 정치에는 관계하지 않겠다"고 밝힌 바 있다. 하지만 그는 오래지 않아 다시 사회운동에 관심을 보였다. 즉 1920년 8월 창립된 조선노동공제회 광주지회장으로서 9월에 열린 전국회의에 참석하면서 노동운동을 시작한 것이다. 광주 최초의 노동운동단체의 제1대 회장으로 그가 취임했다는 점은 시사하는 바가 크다.

그 때문인지 그는 1921년 1월 당국으로부터 '갑종 요시찰인물'로 지목되었다. 같은 해 6월 그는 서정희 등과 함께 광주지회 '개선임원 선정위원'으로 위촉되었고, 이어 서정희가 제2대 지회장에 선임되었다. 이어 7월에는 노동공제회 광주지회에서 최홍종이 "노동자의 행운", 서정희가 "노동문제"란 제목으로 강연했다. 9월에는 광주 최초의 청년단체인 광주청년회에서 의사원으로 선임되었다.

1921년 평양신학교를 졸업한 그는 광주 북문밖교회 목사로 부임했으며, 같은 해 광주YMCA 회원들과 함께 일본산 마약인 몰핀방독회를 조직했다. 하지만 1922년 3월 그는 다시 시베리아 선교를 위해 블라디보

광주중앙교회 성도들의 모습(1937)

스토크로 출발했다. 이미 1921년 장로교 총회에서 결정된 사안이지만, 일경은 그를 '요주의인물'로 주시하여 출발이 늦어진 것이다. 환송회에서는 서정희가 사회를 맡았다. 이 무렵 일제 측 보고서에는 그가 "점차 사상이 온건해져서 하등 용의점이 없다"고 나오는데, 선교사로 나갈 준비를 하며 그가 대외활동을 줄인 것으로 짐작된다.

같은 해 9월 그는 총회 참석차 일시 귀국했는데, 언론에서는 그를 "전남청년계의 추앙인물인 최흥종 목사"라 소개했다. 이듬해 6월 최흥종은 귀국하여 광주·전주·영광·담양·군산·목포·여수·마산·부산 등지를 순회하며 시베리아 선교보고회를 열었다.

귀국 후 광주 북문안교회 담임목사가 된 그는 1923년 9월 서정희와 함께 광주소작인회연합회 대표로서 소작권 이동방지 등 7개항에 대해 동양척식주식회사 당국과 교섭했다. 이 단체는 같은 해 4월 결성된 것으로 서정희가 회장이었다. 1924년 3월에는 전라노농연맹 발기회에 광주지한면소작인회 대표로 참석했다. 노동운동에 이어 농민운동에도 관심을 보이게 된 것이다. 또 1925년 1월에는 기자와의 면담에서 "면화공동판매 개선이 시급한 문제"이며 "부정간책(不正奸策)을 철저응치(徹底懲治)" 할 것을 주장했다. 이에 앞서 1924년 6월에는 광주YMCA 주최 6단체 후원으로 4개 교회에서 열릴 예정인 "무산아동을 위한" 단기학교의 총장으로 선임되었다. 시베리아 선교사로 떠날 무렵과는 달리 귀국하여 다시 사회운동에 적극 나서게 된 것이다.

그렇다면 그는 어떤 이유에서 한동안 자제했던 사회운동을 재개한 것일까. 이는 그의 신앙관과 관련이 있을 것으로 여겨진다. 그는 1923년 YMCA 기관지 〈청년〉에 기고한 글에서, 모세가 이스라엘 민족을 이집트에서 탈출시킬 때 이스라엘의 신(神)인 야훼가 이집트에 열 가지 재앙을 내렸다는 것을 예시하며, "필경은 군벌(軍閥)을 홍해에 매장하고 약소민족이 자유를 얻어 민족자결이 발생한 것이니 그때 징조는 늘 계속하여 올 것이다. …… 장래 과도기에도 이른바 권력주의를 붉은 바다에 매장할 것을 예표(預表)한 것이다"라 주장했다. 이것은 일본을 이집트, 조선을 이스라엘에 비유하여 장차 하나님의 섭리에 따라 조선민족이 군국주의 일제로부터 독립할 것을 소망했다고 짐작된다. 또 같은 글에 나오는 "부르조아의 압박·횡포가 극심하여 60만 명 노동자는 극단으로 부르짖었다"는 대목은, 그가 기독교인으로서 노동운동·농민운동에 참여한 이유를 짐작케 한다.

광주YMCA 회장, 신간회 광주지회장

1924년 그가 광주YMCA 회장에 취임한 것도 이 같은 시각에서 이해될 수 있다. 광주YMCA는 광주청년회와 더불어 이 지역 청년운동·사회운동의 양대산맥이었다. 이밖에도 그는 광산회 총무(1923)·서선(西鮮)수해구제회 집행위원장(1923)·광주수해구제회 위원(1925)·광주여보고 창립기성위원(1926)·광주협회 위원(1926) 등을 역임했다.

이같이 여러 단체에 참여한 그는 1920년대부터 분화되기 시작한 이른바 '민족주의 계열'과 '사회주의 계열'의 중재자로서 역할을 했다. 물론 그는 '민족주의 계열'로 분류되는 인물이지만 그렇다고 '사회주의 계열'의 배척을 받지도 않았다. 예컨대 1926년 1월 광주청년회 회원들이 노동공제회관을 습격하는 사건이 일어나 광주지역 사회운동계에 충격을 줬는데, 이때 최흥종은 양측 책임자들을 불러 화해를 주선했다.

최흥종은 1927년 1월 다시 시베리아 선교사가 되어 출국했다. 이처럼 그에게 시베리아 선교는 오랜 숙원이었다. 하지만 이번에도 그는 러시아 당국의 탄압을 받아 일시 투옥되었다가 석방되어 퇴거명령을 받고

광주YMCA 이사와 실무진(1935)

4월에 귀국했다.

그 후 그는 신간회 광주지회장으로서 신간회운동에 참여하게 되었다. 같은 해 10월 14일 열린 신간회 광주지회 설립준비위원회에서 그는 취지설명을 하고 임시의장으로 선출되었고, 29일 열린 창립총회에서 제1대 회장에 취임했다. 부회장은 정수태, 간사는 국채진·김응규·김철·김태오·김홍선·문태곤·범윤두·전도·전용기·정해업·최부식·최장전·최종섭·최한영·한용수 등이었다. 수백 명이 참석했으나 내빈들의 축사는 일경의 제지로 금지되었다. 이들 중 상당수가 3·1운동에 참여했으며, 김철·김태오·정해업·최종섭 등이 광주YMCA 회원이었다.

신간회의 '좌우연합적' 성격으로 볼 때 최흥종은 양측으로부터 모두 신망을 얻고 있었기에 지회장으로 추대된 것이라 여겨진다. 그는 앞서 살핀 바와 같이 민족주의 계열의 근거지인 광주YMCA의 지도자였으며, 일찍이 조선노동공제회 광주지회장을 역임했고, 광주소작인연합회·전라노동연맹회에서도 활동하는 등 사회주의 계열과도 관련을 맺고 있었다. 또 1925년 광주청년회와 광주노동청년회 청년들이 노선 문제로 큰 충돌을 빚었을 때도 그가 중재자로 나서 사태를 수습했는데, 이 역시 양측으로부터 그가 신임을 받고 있었음을 보여준다.

신간회 광주지회의 초기 활동은 뚜렷한 성과를 거두지 못했다. 물론 이는 일경의 감시와 탄압에 기인한 바 컸다. 10월 31일 제1회 임원회가 열렸고, 12월 재만동포 옹호에 대해 토의하던 중 회원 강석봉이 검속되었는데, 이로 미뤄 재만동포를 위한 활동을 벌였던 것 같다. 이듬해인 1928년 12월 제2회 정기총회가 열렸을 때는 광주경찰서 고등계와 전라남도 경찰부 고등과의 정사복경관 10여 명이 삼엄한 경계를 펼쳤다. 여기서 최흥종은 다시 회장을 연임했다. 하지만 신간회 광주지회의 활동은 대체로 부진했던 것 같다. 1928년 8월 남녀유학생 20여 명을 초청하여 환영회를 연 것 정도가 눈에 띈다. 다른 지역에서도 그랬듯이 일제의 감시와 탄압으로 신간회 광주지회의 활동도 제약을 많이 받았던 것으로 짐작된다.

이밖에 최흥종은 재만동포옹호동맹 위원(1927), 광주교육보급회 이사·사립보통학교유지방침연구회 위원·광주보통학교유지회 위원·광주철도기성회 상임위원(1928) 등으로 활동했다. 이미 북문밖교회에 유치원을 설립하고(1920) "무산아동을 위한 교육" 차원에서 설립된 단기학교의 총장(1924)과 광주여고보 창립기성위원(1926) 등을 역임한 그는 계속하여 유치원·간이학교·보통학교·고등보통학교 등 '광주교육보급'을 위해 힘썼다. 이처럼 그는 사회적 문제가 발생하면 거기에 적극 참여하는 행보를 보였다. 또 1928년 1월에는 광주의 조선나환자공제회에서 나환자들의 집단거주를 위해 도지사와 총독에게 진정했는데, 최흥종이 이를 주도했을 것으로 짐작된다.

그런데 1929년 3월 무렵부터 신간회 광주지회장으로서 그의 활동이 보이지 않는다. 3월 2일 열려던 정기간사회가 일경의 간섭으로 연기되어 3월 9일 열렸는데, 이때 부회장 정수태가 사회를 맡았다. 이후 광주지회 각종 회의의 사회자는 정수태였으며, 6월 서울에 열린 신간회 각 지회 대표위원회에 그가 '광주구대표'로, 7월 서울에서 열린 복대표회의에 '광주지회장'으로 참석했다.

최흥종이 신간회 활동을 중지한 이유는 확실치 않으나, 당시 주도권을 둘러싼 중앙·지방에서의 민족주의 계열·사회주의 계열의 갈등과 무관치 않았을 것이다. 1929년 6월 전남노회는 그를 제주도 모슬포교회의 담임목사로 파송하기로 결의했고, 이에 따라 그는 7월 광주를 출발했다. 그의 후임으로는 9월 열린 광주지회 임시대회에서 정수태가 집행위원장에 선출되었다. 이후 신간회 광주지회는 내홍에 휩싸이며 중앙본부와도 마찰을 빚었다.

나환자구호활동, 빈민구제활동, 오방(五放), 사망통지서

1929년 7월 제주도로 내려온 그는 모슬포교회에 부임했다. 여기서 그는 목회에 전념하며 1930년 11월 제주노회의 창립에 기여했다. 그런데 1930~31년 무렵 여수의 조선나환자공제회 회장 이종수가 그를 찾아와 나환자에 대한 지원을 부탁했고, 최흥종은 이를 허락했다. 그러면서 그는 "앞으로는 사회 및 정치사업은 무관심할 뿐 아니라 금일로 매장하겠다 하시며 우리 불쌍한 환자로 하여금 내가 그들이 되겠다"고 다짐했다.

일찍이 1900년대에 최흥종은 포사이드 선교사의 나환자 치료에 감명을 받고 구라(救癩), 즉 나환자구호활동을 벌인 바 있기 때문에 그들에 대한 관심이 남달랐다. 특히 '사회 및 정치사업'을 '금일로 매장'하겠다고 밝힌 것은 현실문제와는 거리를 두고 나환자구호운동에만 전념하겠다는 뜻이었다.

1931년 7월 그는 '수토불복증'을 이유로 제주도 모슬포교회 담임목사를 사직했다. 그리고 9월 조선나병환자구제회를 설립했는데, 이 구제회에서는 다시 조선나병환자근절연구회를 조직했다. 각계각층의 지도급 인사들이 연구회 실행위원으로 참여했으며, 10월 김병로의 사회로 열린 제1회 실행위원회에서 위원장에 윤치호, 상무위원에 최흥종이 선임되었다. 실행위원들을 보면 기독교·천도교·불교 등 여러 종교계 인사들이 섞여 있으나 기독교인이 많았고, 김성수·박승직·현준호 등 자산가들도 눈에 띈다. 이들은 대부분 민족주의 계열의 인사들이었으며, 당연히 일제의 감시가 뒤따랐다.

하지만 구제회와 연구회는 뚜렷한 성과를 거두지 못했다. 최흥종은 2,800원 모금에 나서면서 자신이 2,700원을 기부하는 등 고군분투했지만 여의치 못했고, 결국 1932년 6월 서울의 나환자 30여 명을 데리고 여수 애양원으로 내려갔다. 이때 그는 크게 낙심했던 듯하며, 스스로 '오방(五放)'이란 호를 지은 것도 이 무렵으로 보인다. '오방'의 내용과 의미에 대해서는 자료나 연구에 따라 조금씩 다르지만, 현실문제에 크게 구애받지 않고 초연하겠다는 뜻으로 읽힌다.

그러나 최흥종은 병자와 빈민을 위한 활동을 멈추지 않았다. 같은 해 8월 광주읍에서는 천정(泉町)의 가옥 200여 호가 철거되어 빈민 800여 명이 거처를 잃고 방황했다. 그러자 같은 달 유지 30여 명이 서석의원에 모여 광주읍가옥철거구궁민구제연구회를 조직했는데, 최흥종이 집행위원장을 맡았다. 연구회에서는 빈민들을 위한 임시수용소를 만들고 무료로 쌀과 약을 나눠줬으며, 최흥종의 동생인 의사 최영욱도 무료로 빈민들을 진료했다. 그리고 1932년 9월 우가키(宇垣一成) 총독이 광주를 방문했을 때 그는 김재천·최원순 등과 함께 그와 면담했다. 이때 이들은 임정(林町)의 국유지 1만 평을 광주읍에 대부하여 철거민들을 수용해달라고 요청했고, 우가키는 이를 수락했다.

이어 그는 1933년 4월 총독부를 방문하고 경무국장과 위생국장을 면담하면서 나환자를 위한 6개항을 진정했다. 이 무렵 그가 광주의 나환자 수백 명을 이끌고 이른바 '구라행진(救癩行進)'을 벌이며 서울로 올라가 총독부 앞에서 연좌시위를 벌였고 총독과 면담했다는 이야기가 광주에서는 널리 알려져 있다. 그랬을 가능성은 없지 않으나 아직은 구체적으로 확인되지 않는다.

한편 최흥종은 1934년 10월 광주지역의 유지들로 조직된 계유구락부에서 "종교와 일상생활"이란 제목으로 강연했다. 계유구락부는 광주지역의 "민중을 대변할 만한 하등 기관이 없었음을 유감"으로 여긴 "모모 유지의 발의로 각 방면의 모모인사 35명"이 조직한 단체로, "광주지방 각 방면의 유지를 망라"한 "광주 유일의 조선민간단체"였다. 하지만 실제 활동은 강연회의 개최 정도에 그친 계몽적 단체였다.

그러던 중 그는 1935년 9월 서울로 올라가 세브란스병원 의사 오긍선으로부터 '거세수술'을 받았다. '오방'이란 호를 붙인 데 이어 모든 세속적 욕심과 단절하겠다는 의지를 다시 밝힌 것이다. 이 무렵 그는 목포에 머물면서 나환자구호활동에 매진했다. 1936년 2월에는 목포에서 안창호와 동행하여 순천에 와서 신풍리의 나환자치료소를 안내하기도 했다. 같은 해 3월 그는 광주농업실습학교 제1회 졸업식에 참석했고, 6월 광주YMCA 유도·권투부원들과 함께 기념촬영을 한 점으로 미루어, 광주YMCA 활동에는 계속 관여한 것으로 보인다.

이어 1937년 1월에는 모든 외부활동의 중단을 선언한 이른바 〈사망통지서〉를 지인들에게 발송하여 주위를 놀라게 했으며, 이어 「교역자의 반성과 평신도의 각성을 촉(促)」함이란 글을 〈성서조선〉에 기고하여 한국교회를 신랄하게 비판했다. 이 무렵 그는 제도권 교회를 떠나 '무교회주의' 신앙생활을 하고 있었다. 그리고 무등산 증심사 계곡에 칩거하며 병자·빈민들을 위한 활동에 전념했다.

건국운동, 김구, 사회사업

1937년 이후 사실상 칩거생활에 들어갔던 최흥종은 1945년 8·15와 함께 활동을 재개했다. 8월 16일 국기열의 집에 모인 인사들은 "광주시민들로부터 존경"을 받는 최흥종이 전남건국준비위원회 위원장의 적격자라는 데 의견을 모으고 은거 중인 그를 찾아가 위원장 수락을 부탁했다. 최흥종은 이를 사양했으나 이튿날 광주극장에서 열린 전남건준 결성식에 축사를 하기 위해 참석했다가 "만장일치로 위원장에 선출"되었다. 여전히 그가 좌우 양측으로부터 신망을 얻고 있었음을 보여준다. 그러나 그가 위원장으로 재임한 기간은 불과 17일뿐이었고 이후 건준과는 거리를 두었다고 한다. 이어 9월에는 우익계열단체인 고려청년당 창립준비회 고문으로도 추대되었다.

초대 전남도지사인 최영욱의 형이기도 한 그는 1945년 11월 제1회 도지사고문회 회장에 선임되었다. 미군정에서 그를 회장으로 추대한 데는 "전남지방에서 명성과 신뢰가 높았던 최흥종을 도지사고문회에 발탁하여, 전남 지방민들에게 도지사고문회에 대하여 호의적인 평가를 받고자" 하려는 의도가 있었을 것으로 짐작된다. 좌우 양측은 물론 미군정 역시 그의 영향력을 높이 평가했던 것이다. 그가 기독교 목사라는 점도 미군정에 호감을 주었으리라 짐작된다. 이어 1946년 2월 그는 서울 명동성당에서 열린 비상국민회의에 전남 대표로 참석했다. 비상국민회의는 우익진영이 독립촉성중앙협의회와 비상정치회의주비회를 통합하여 조직한 단체로서, 좌익진영은 여기에 불참했다.

한편 1946년 9월 백범 김구가 '삼남지방 순회' 일정 중 광주를 방문했다. 이 기간 중 김구는 대성초등학교에서 강연했는데, 이 자리에는 한독당 전남도당 위원장 신순언과 최흥종·허백련 등도 참석했다. 또 김구는 중앙교회에서도 강연했는데, 최흥종이 중앙교회의 초대목사였으므로 여기서도 두 사람이 회동했을 것이다.

1948년 9월 다시 광주를 방문한 김구는 10월 3일 무등산 오방정(五放亭)을 찾아 최흥종과 면담했다. 김구(1876년생)는 최흥종(1880년생)보다 연장자였다. 그럼에도 70대의 노구를 이끌고 직접 무등산을 올라 그를

김구 선생 방문 당시 사진 : 왼쪽에서 두 번째가 최흥종(1946)

방문했다는 점은 주목할 만하다. 이때 김구는 최흥종을 위해 '화광동진(和光同塵)'이란 휘호를 썼다. 노자의 《도덕경》에 나오는 이 구절은, "빛을 감추고 티끌 속에 섞여 있다는 뜻으로 자기의 뛰어난 지덕(智德)을 나타내지 않고 세속을 따름"을 이르는 말이다. 김구는 서울로 올라간 뒤 바로 편지와 함께 노자의 《도덕경》에 나오는 다른 구절을 써서 보냈다. 이처럼 두 거목은 서로를 진심으로 존경했다. 1949년 김구가 암살되었을 때 최흥종은 100일 동안 말을 하지 않았다고 한다. 단독정부가 수립된 후에도 이들은 여전히 서로를 정치적인 동지로 생각하고 있었음을 보여준다.

1948년 최흥종은 호남신문사 초대회장에 취임했으나 곧 사임했다. 1950년 1월에는 우익계열단체인 대한국민당 전남도당부 발대식에서 광주시당부위원으로 명단에 올랐다. 이처럼 해방정국에서 그는 다양한 정치활동·사회활동에 참여했는데, 그가 여전히 이 지역에서 신망을 얻고 있었으며, 그의 명성과 권위를 필요로 하는 세력들이 많았음을 짐작할 수 있다.

이처럼 그는 해방정국기 여러 직책을 맡으며 건국운동에 참여했으나, 그 직책을 오래 수행하지는 않고 이내 사임했다. 그 정확한 이유는 알 수 없으나, 그는 어떤 단체 결성의 '초석(礎石)'이나 '가교(架橋)'의 역할을 하는 데 만족했던 것 같으며 거기에 '투신(投身)'까지 할 의도는 없었던 것 같다. 대신 그는 병자·빈민을 위한 구호사업과 교육활동에 더욱 지속적인 관심을 쏟았다. 1945년 9월 그는 한국나예방협회를 조직했고, 1948년 3월에는 증심사 객사에 광주국민고등학교(삼애학교)를 설립했다. 그리고 1950년대에는 음성나환자 정착촌인 호혜원(互惠院)과 결핵환자 요양소인 송동원(松東院) 등을 설립하고 결핵환자 치유를 위한 백십자여명회(白十字黎明會)를 결성하고 환자들과 동고동락했다. 1951년에는 한국사회사업협회 위원장에 추대되었다.

그러던 그는 1964년 12월 30일 〈유언장〉을 작성·발송하고 1966년 2월 단식과 절필을 선언했다. 그리고 같은 해 5월 14일 사망했다. 5월 18일 열린 그의 장례식은 광주 최초의 시민장으로 광주공원에서 거행되었다. 이날 장례식에는 많은 병자와 빈민들이 참석하여 '아버지!'를 외치며 눈물을 뿌렸다.

'광주·전남'과 'YMCA'를 뛰어넘는 인물

최흥종은 대한제국기에 순검으로 있으며 의병들을 후원했다고 알려져 있고, 국채보상운동에 적극 참여했다. 일제강점기에는 3·1운동 및 사회운동(노동운동·농민운동·청년운동·교육운동)·신간회운동 등 민족운동에도 가담했고, 병자·빈민들을 위한 구호활동에도 큰 관심을 쏟았다. 그러면서 광주YMCA의 회장을 수차 역임했다. 해방정국기에 그는 전남건준 위원장으로 추대되어 활동하는 등 건국운동에도 기여했다.

그는 일제강점기에 민족주의 계열과 사회주의 계열의 중재자로서 역할을 했으며, 총독부 관리나 친일적 유지들과도 접촉했지만 한 번도 '친일논란'에 휘말린 적이 없다. 그리고 기독교인으로서 신사참배에 순응하지도 않았다. 또 좌우 양측을 모두 아우르며 신망을 받았던 그였기에 해방정국에서도 여러 단체에서 중책을 맡을 수 있었다.

광주YMCA 지도자들 : 앞줄 왼쪽 세 번째가 최흥종(1952)

이처럼 최흥종은 광주·전남의 근현대사를 이해하는 데 빠뜨릴 수 없는 중요한 인물이며, 그의 활동영역은 거의 모든 분야에 걸쳐 있었다. 하지만 그에 대한 학술적 연구는 아직 초보적인 단계이며, 광주·전남 이외의 지역에서는 제대로 알려져 있지도 않다. 그는 결코 '광주·전남' 이란 지역과 'YMCA' 란 기관의 울타리 안에만 가둬둘 수 없는 인물이다. 민족과 교회를 위해 자신과 가족을 희생하며 평생을 헌신한 그의 모습은, 이 땅에서 기독교인으로서 산다는 것이 얼마나 힘들면서도 값진 것인가를 새삼 일깨워준다. 그의 생애 앞에서 필자는 그저 부끄럽기만 하다.

제6장

풀뿌리 민족운동의 개척자

고당 조만식

장규식 교수
(중앙대학교 역사학과)

조만식 1882~1950

풀뿌리 민족운동의 개척자
고당 조만식

머리말

고당(古堂) 조만식(曺晩植)은 한국민족운동사에서 매우 독특한 위치를 차지하는 인물이다. 그는 일본 유학 5년간과 조선일보 사장으로 재직하며 서울에 머물렀던 약 1년간을 제외하고는 평생 자신이 태어나고 자라난 평안도를 떠난 적이 없었다. 또한 조선물산장려를 비롯해 소비 합리화와 세입자 문제같이 의식주에 걸친 일상생활의 문제를 민족운동의 새로운 어젠다(agenda)로 개발해 '조선의 간디'란 칭호를 얻기도 하였다.

함석헌은 그러한 조만식을 몸소 실천을 보임으로써 민중의 신임을 얻은 '말 없는 웅변가'라 평한 바 있다.[1] 실제 조만식 하면 떠올리는 무릎을 치는 깡뚱한 검정 무명 두루마기와 말총모자에 편리화는 걸어 다니는 토산장려의 '광고판'이었다. 또한 그가 총무로 10여 년간 재직한 평양YMCA의 사무실은 지역사회의 현안은 물론 개인의 대소사를 상담하러 찾아오는 사람들로 부산했던 평양 사람들의 민원 창구이자 무관(無冠)의 지방정부였다. 해방 후 숱한 정치 지도자들이 서울로 발길을 옮기며 저마다 정치적 야심을 불태울 때도 그는 언제나 그랬듯이 평안도라는 삶의 자리에 굳게 서서 민족의 장래를 설계하였다.

그렇다고 그가 편협하게 평안도의 지방색만을 고집한 것은 아니었다. 그는 일본 유학 시절 지방열(地方熱)의 타파를 주장하며 조선유학생 친목회의 창립을 주도하였고, 신간회가 민족협동전선으로 출범할 때 발기인으로 참여하여 이념을 넘어선 민족의 대동단결을 추구하였다. 가장 토착적인 것이 가장 세계적이라는 말처럼, 그는 자신의 삶의 터전이었던 평안도에 대한 향토애를 애국애족으로 승화시키고, 생활세계의 개조를 통해 민족운동의 돌파구를 마련하면서, 인도와 정의에 기초한 새 나라의 건설이라는 보편 가치를 실현하려 하였다.

오늘날 지구적인 것과 지역적인 것이 만나는 '글로컬(Glocal)'의 지점에서 조만식의 삶과 사상을 다시 읽어야 할 필요가 여기에 있다. 조만식이야말로 지역에 두 발을 딛고 민족과 세계의 장래를 내다봤던 풀뿌리 민족운동의 개척자였기 때문이다. 이 글에서는 그가 꿈꾸었던 '풀뿌리 민주주의에 기초한 하나된 국민국가의 건설'에 초점을 맞추어 조만식의 민족운동이 갖는 현재적 의미에 다가가려 한다.

기독교 입문과 일본 유학

고당 조만식은 1883년 2월 1일 아버지 창녕 조씨 조경학과 어머니 경주 김씨 김경건 사이에 외아들로 평양에서 태어났다. 조만식의 아버지 조경학은 매년 벼 백 섬을 거둬들이는 평안도 강서 출신의 향반(鄕班)으로, 평양에서 일종의 위탁판매업이라 할 수 있는 물산객주 일을 하던 상인이었다.

어린 시절 조만식은 몸집은 작았지만 괄괄한 성격에 여간 날랜 게 아니어서 골목대장 싸움꾼으로 유명하였다. 특히 요즘 태권도와 비슷한 일종의 호신무술인 날파람에 능해 날파람의 명수로 통했다. 또 해마다 음력 정월에 평양 주민이 성내군과 성외군으로 나뉘어 서로 돌팔매질을 하며 대항하는 격렬한 민속경기인 평양석전의 열렬한 응원꾼이기도 하였다. 열세 살에 두 살 연상의 박씨와 조혼한 조만식은 열다섯 살에 서당을 그만두고 평양 종로거리에 무명과 베를 파는 포목점을 차렸다. 그리고 뒤에는 서당 동문인 한정교와 동업으로 지물포를 경영하기도 하였다.

조만식이 평안도 상인의 후예로, 그 자신이 10대 후반부터 스물두 살 때까지 포목점과 지물포를 경영한 사실은 그의 삶과 사상을 이해하는 데 중요한 실마리를 제공한다. 평안도는 조선후기 들어 상공업의 발달로 전국 8도에서 가장 번창하던 지역이었다. 그러나 정치적 차별과 소외는 여전해 과거에 합격해도 중앙 관직에 나아가기는 하늘의 별 따기였다. 이 때문에 오산학교 설립자 남강 이승훈이 언급한 대로[2] 오백 년 묵은 원한이 맺힌 평안도에는 조상 우려먹는 정승 판서의 사당도, 사색당파도, 양반 상놈 따지는 차별도 없었다. 조만식의 아버지처럼 지역에서 양반 행세를 하는 향반들이 있었지만, 객주로 생업을 삼은 데서 알 수 있듯이 살아가는 방식은 일반 평민과 차이가 없었다.

그 결과 평안도에서는 신분보다 능력을 중시하는 평민문화가 일찍부터 발달하였다. 조만식이 10대 후반에 상업에 뛰어든 것도 그러한 맥락에서 살필 필요가 있다. 당시 평양에서는 부유한 집안의 자제라 해도 놀고먹게 놔두지 않고 일찍부터 상업이나 그밖의 사업을 맡겨 경험을 쌓게 하는 것이 관례였다. 스스로의 힘으로 세상을 살아갈 수 있게끔 하려는 일종의 실업교육이었던 셈이다.

그러나 상인 시절 조만식은 남다른 장사 수완보다는 술 잘하고 잘 노는 난봉꾼으로 이름을 날렸다. 밤새워 술을 마시는 일이 다반사였고, 기생집 출입도 잦아 그 시절 배운 가락으로 나중에도 수심가 한 자락은 썩 잘했다. 담배도 골초여서 특제 담뱃대에 성천초 세 잎사귀를 꽁꽁 말아 석 대를 피운 뒤에야 아침 잠자리에서 일어날 정도였다. 이때 그는 기독교 신자도 아니었고, 나라와 겨레의 앞날을 걱정하며 비분강개하는 지사도 아니었다. 그저 평양 저자거리의 한낱 장사치였을 뿐이다.

그러던 조만식이 심기일전해서 새로운 세계로 뛰어든 것은 러일전쟁을 겪으면서였다. 무슨 까닭에서였는지 이 무렵 그는 기독교에 입교를 하고, 이듬해인 1905년 만학의 길에 접어들었다. 스물세 살의 나이로 숭실학교 1학년 예비과정에 입학한 조만식은 이후 술, 담배를 끊고 학업에 정진하여 남 같으면 5년 동안 공부해야 할 것을 월반해서 3년 만에 졸업하였다. 숭실학교의 설립자 베어드 선교사에게 사회봉사와 민족구원의 신앙을 전수받고, 독실한 신앙인으로 민족의식에 눈을 뜬 것도 이때였다.

1908년 봄 평양 숭실학교를 제5회로 졸업한 조만식은 교원생활을 하라는 주변의 권유를 뿌리친 채 일본 동경으로 유학의 길에 올랐다. 동경에서 조만식은 먼저 세이소쿠영어학교(正則英語學校)에 입학하여 2년 동안 영어와 일본어, 수학 등의 과목을 익히고, 1910년 4월 메이지대학(明治大學) 전문부 법학과에 진학하였다.

동경 유학 시절 조만식은 한인교회의 영수로, 기독교청년회(YMCA)

의 회장으로 바쁜 나날을 보냈다. 그러면서 그는 자신이 영수로 시무한 장로교단 소속의 동경 한인교회를 1911년 여름 백남훈·김영섭 등과 함께 장로교와 감리교의 연합교회(재일본 동경조선예수교연합교회)로 개편하였다. 1909년 5월 한인장로교회가 설립된 이후 하나둘씩 늘어난 감리교회 출신 유학생들이 따로 예배드리는 것을 목격하고, 이국땅에서까지 교파 문제로 기독교인들이 분열된 듯한 인상을 주어서는 안 되겠다고 판단한 때문이었다.

昨醉未醒"之字"步로
崇實에 入學志願!
豁然大悟! 四年間東京留學中에
尾行따라 劇場求景單두번
曹晩植氏

조만식의 숭실학교 입학 당시 사정을 보도한 1938년 1월 6일자 조선일보. 기사 속 사진은 조만식의 학생 시절 모습

더불어 조만식은 지방별로 나뉘어 따로 놀던 동경 유학생 사회를 하나로 통합하는 데도 많은 노력을 기울였다. 망국적인 지방할거주의의 문제를 통감한 때문이었다. 그래서 "고향을 묻지 말자"고 외치며 전라도 출신의 송진우, 경기도 출신의 안재홍과 힘을 합해 1911년 겨울, 출신 지방별로 나뉘어 있던 유학생회를 조선유학생친목회로 통합하였다. 조선유학생친목회는 창립 몇 달 만에 일제에 의해 해산당하고 말았지만, 1913년 가을 재일본 동경조선유학생학우회의 발족으로 이어지며 2·8독립선언의 디딤돌이 되었다.

오산학교 재직과 물산장려운동

1913년 3월 서른한 살의 늦은 나이에 메이지대학 전문부 법학과를 졸업하고 고국으로 돌아온 조만식은 가족들과 회포를 풀 새도 없이 평안북도 정주로 직행하여 오산학교 교사로 부임하였다. 낮은 데로 나아가, 청산맹호(靑山猛虎) 식의 평민정신과 자립자존의 민족정신과 참과 사랑의 기독정신을 가르치는 민중의 교사로서 공생애(公生涯)를 시작한 것이다. 당시 오산학교는 설립자 이승훈이 신민회 사건으로 투옥되어 학교를 유지하기조차 힘든 위기에 놓여 있었다. 조만식은 그런 학교에 부임하여 봉급도 받지 않고 교사로, 교장으로 만 8년 동안 모두 세 차례에 걸쳐 봉직하면서 학교를 반석 위에 올려놓았다.

오산학교에서 조만식은 교사로, 교장으로, 교목으로, 사감으로, 사환으로 1인 5역을 담당하며 학생들에게 일상에서의 실행과 모범의 위력을 가르쳤다. 학생들과 마찬가지로 기숙사에 기거한 것은 물론, 오전

숭실학교에서 법학 강의 중인 조만식

6시 기상에서 오후 10시 취침까지 모든 일정을 똑같이 소화하면서 솔선수범의 본을 보였다. 학생들과 같이 일어나 체조하고 뒷산을 뛰어 돌았으며, 아침 기도회를 인도하고, 잠자리에 들기에 앞서 뜰을 돌며 같이 교가를 불렀다. 학생들이 겨울 땔감을 마련하기 위해 나무를 하러 갈 때도 동행하여 함께 땀을 흘렸다.

훤칠한 외모나 화려한 언변이 아닌, 검소한 생활태도와 몸소 본을 보이는 실천궁행(實踐躬行)으로 민중의 신임을 얻은 진실의 사람, 실천의 사람으로서 그의 면모는 그렇게 만들어졌다. 그런데 그것은 오산학교 설립자 남강 이승훈의 삶의 자세이기도 하였다. 이승훈은 학교에 사환을 따로 두지 않고 변소 치는 일부터 밤에 기숙사 군불 때는 일까지 학생들과 함께 하는 솔선수범을 통해 학생들에게 근면과 신의, 열과 성, 그리고 일상생활의 도리를 가르쳤다. 그러한 환경에서 조만식은 의복에서 일용품에 이르기까지 토산품을 사용하고 몸소 생활 개신(改新)을 실천궁행함으로써 훗날 물산장려운동의 상징으로 부각될 수 있었다.

지금도 조만식 하면 물산장려운동을 떠올리듯이, 조만식이 민족지도자로서 전국적인 명성을 얻은 것은 조선물산장려회를 창립하면서부터였다. 그가 평양의 상공업계·교육계·기독교계 인사들을 망라하여 조선물산장려회를 발기한 것은 1920년 7월이었다. 오산학교 교장직을 사직하고 3·1운동 직후 중국 망명을 시도하다 체포되어 평양형무소에서 10개월간의 옥고를 치르고 나온 지 얼마 안 되었을 때였다. 그러나 조선물산장려회의 창립은 일제 당국과 일본인 상인들의 방해로 유산되고 말았다. 이에 그는 지역의 유수한 기독교계 인사들을 규합하여 평양YMCA를 설립한 뒤, 조선물산장려회의 조직에 다시 착수하여 1년여의 산고 끝에 1922년 6월 20일 창립총회를 거행하였다.

물산장려운동은 조만식이 오산학교 교장 시절부터 평소 생활신조로 실천해오던 것을 사회에 널리 보급하여 대중적으로 조직화한 운동이었다. 그가 기초한 것으로 보이는 〈조선물산장려회 취지서〉에는, 현금 상공업이 발달한 선진국들도 저마다 모두 보호무역주의를 행하는데, 우리는 나라가 없어 법령이나 정책으로 그것을 실행에 옮기지 못하니, 자위상 불가불 민간의 공덕심과 공익심에 의지할 수밖에 없다는 대목이 나온다.[3] 민간사회의 자위권을 발동하여 경제주권을 확보하자는 풀뿌리 민족운동 선언이라 할 수 있는데, 민간 차원의 보호무역운동, 나아가 시민경제주권운동으로서 물산장려운동은 그렇게 탄생하였다.

평양에서 조선물산장려회가 조만식을 회장으로 하여 발족한 이후 물산장려운동은 전국적인 운동으로 발전하여 1923년 1월 서울에서도 조선물산장려회가 창립되었다. 그러나 서울 물산장려회의 〈취지서〉에서는 민족산업의 육성이라는 일반론을 넘어서는, 민간사회의 자위권 발동이라는 개념이 발견되지 않는다. 조선인과 일본인이라는 민족적 구별에 상응해 국가와 사회를 구분하는 데까지 인식의 지평이 확장되지 못한 때문이었다. 그에 비해 평양 물산장려회는 민족의 논리를 민간사회로 등치시켜, 민간사회의 자율공간을 조성함으로써 조선총독부 권력에 맞서는 진지전(陣地戰) 전략을 구사하였다. 조선왕조 5백년간의 정치적 소외와 차별의 경험을 밑거름 삼아 국가권력으로부터 자유로운 민간 영역의 확보에 눈길을 돌린 것인데, 그것을 민족운동의 새로운 패러다임으로 제시한 인물이 바로 조만식이었다.

풀뿌리 민족운동의 근거지 평양YMCA

조만식이 해외로 망명한 도산 안창호를 대신하여 평안도를 대표하는 민족 지도자로 자리매김을 한 것은 1921년 3월 창립된 평양YMCA의 초대 총무에 취임하면서부터였다. 평양YMCA는 인도와 정의의 지상천국 건설을 기치로, 식민지 조선의 제2도시 평양에서 경제·문화 방면으로 가장 큰 세력을 확보하였던 기독교계 인사들을 망라하여 발족한 사회단체였다. 조만식은 1921년부터 1932년까지 12년간 평양YMCA의 총무로 봉직하며 그곳을 근거지로 조선물산장려회를 창립하고, 자신이 구상한 풀뿌리 민족운동을 실천에 옮겨나갔다.

그가 총무로 재직할 당시 사람들은 지역사회의 현안이나 건의사항은 물론, 개인의 억울한 호소나 딱한 사정, 심지어 자녀 학업 문제나 집 나간 아내 문제 같은 가정사를 가지고 평양 대동문 안 광명서관 2층에 위치한 열댓 평짜리 YMCA 사무실을 찾았다. 회관 앞에는 조선물산장려회와 민립대학기성회의 간판까지 붙어 있었는데, 사실 조선물산장려회와 평양YMCA는 하나의 단체나 다름없었다. 총무 조만식이 조선물산장려회의 회장을 겸임하였을 뿐 아니라, 창립이사 12명 가운데 9명이 평양YMCA의 임원이었다. 이렇게 조만식은 YMCA를 거점으로 지역사회의 공론을 형성하고, 물산장려회 같은 어젠다별 조직을 만들어 지역의 기독교계와 상공업계·교육계·여성계·청년계를 하나의 네트워크로 엮어나갔다. 그리하여 비록 정치권력은 없었지만 지역사회의 숙원사업들이 일제 총독부 권력과 무관하게 평양YMCA를 무대로 해서 논의되고 집행되었다.

평양에서 조선인의 손으로 운영된 최초의 사회사업이라 할 평양고아원이 1921년 10월 평양YMCA 사무실에서 발기되었고, 1921년 12월 평양 실업저금조합이 평양YMCA를 중심으로 조직되어 이듬해 여름부터 '대동강'이란 상표를 붙인 잉크를 제조 판매하였다. 또한 1923년부터는 매년 음력 설날을 맞아 조선물산장려 선전대가 평양YMCA 회관 뒤뜰에서 발대식을 갖고 시가행진에 들어갔다. 설날 선전행렬에는 평양 시내의 유수한 제조업체와 상점은 물론 평양노동연맹회, 금주단연동맹, 차가인(세입자)동맹 같은 사회단체까지 참여하여 과거 평양석전의 장관을 재현하였다.

이 과정에서 조만식은 평양 조선인사회의 크고 작은 일들을 손수 챙기며 무관의 제왕으로서 모범을 보였다. 산정현교회의 장로로 김동원·오윤선 장로와 함께 평양의 기독교계를 이끌었고, 조선민립대학기성회의 중앙집행위원 겸 지방순회위원으로 평안도 일대를 돌며 선전강연과 모금운동을 벌였다.

1927년에는 숭인학교 교장으로 부임하여 재정난에 빠진 학교를 상업학교로 탈바꿈시켰으며, 1928년에는 김동원·오윤선 등과 함께 조선인 상공업자의 공동 발전을 도모할 지도기관으로 평양상공협회를 설립하였다. 또한 1931년에는 관서체육회의 회장에 취임하여 민간에 체육을 보급하는 활동을 펼쳤고, 관서협동조합경리사의 이사장과 조선기독교절제운동회의 공동회장을 맡아 생활개선운동에 앞장섰다. 뿐만 아니라 민간의 기부와 모금을 조직하여 공공사업으로 공회당(백선행기념관, 1929)과 도서관(인정도서관, 1931)을 건립하기도 하였다. 그 결과 식민지 상황에서도 평양은 여전히 조선사람의 평양으로서 활력을 유지할 수 있었다.

이렇게 조만식이 평양YMCA를 거점으로 지역사회의 공론을 주도하며 풀뿌리 민족운동에 매진한 것은 나라가 없더라도 최소한 살길은 스

민립대학기성회 창립총회 기념사진(1923. 3. 30)

스로 찾아야 하지 않겠냐는 현실적인 당면 요구와 더불어, 민간사회의 튼실한 기초 없이 제대로 된 독립국가의 건설을 기대할 수 없다는 평소의 신념 때문이었다. 그에게 총독부 권력을 배제한 조선인의, 조선인에 의한, 조선인을 위한 민간사회 영역의 개척은 독립국가의 기초를 다지는 실로 중차대한 사업이었다. 그래서 기회 있을 때마다 청년들에게 서울이나 대도시에 모여 웅성거리지 말고 자신이 나고 자란 곳에서 죽기를 각오하고 향토를 지키라고 당부하였다. 저마다 지방으로 돌아가 조선사람이 존립할 터전을 지음으로써 새 나라의 기초를 놓으라는 것이었다.

조만식이 거대 담론보다 생활세계의 구체적인 사안에 집중하고, 무력 항쟁이 아닌 비폭력 무저항의 길을 선택했다고 해서 그를 타협적인 민족주의자로 보는 사람들이 있다. 그러나 그는 이승훈이 벽창호라 놀릴 정도로 원칙을 중시하고, 스스로에게 엄격했던 지조의 사람이었다. 조선물산장려회를 발기하며 그가 제창한 민간 차원의 자위권 발동은 총독부 권력과 무관하게 민간사회 독자적으로 살길을 찾자는 비타협의 선언이었다.

실제로 조만식은 비타협적 민족주의자와 사회주의자의 민족협동전선으로 신간회가 출범할 때 발기인으로 참여하였고, 평양지회의 회장을 맡아 지역 차원에서 정치적 공론장을 만드는 데 심혈을 기울였다. 조만식의 주재하에 신간회 평양지회는 평안남도연합회의 조직을 추진하고, 차가인(借家人)동맹이 조직될 정도로 심각해진 평양의 집세 인하운동을 위해 사회단체를 망라한 협의회를 발의하는 등 지역사회의 공론에 기초한 생활정치를 실험하였다. 그러나 그 활동은 기대에 미치지 못하였다. 물산장려운동 이래 조만식과 행동을 같이했던 김동원이 신간회에 참여하지 않은 데서 살필 수 있듯이, 평양 조선인사회의 주축을 이루었던 토착 자본가들이 총독부 권력에 타협적 태도를 보이며 민족운동 일선에서 하나둘씩 떨어져 나간 때문이었다.

조만식의 생활정치 실험은 1930년 12월에 열린 신간회 평양지회 제4회 정기대회에서 사회주의자들의 해소 주장이 다수 의견으로 채택됨으로써 결국 막을 내렸다. 이 과정에서 조만식은 농촌운동과 생활개선운동으로 눈길을 돌려 새로운 돌파구를 찾으려 하였다. 그와 더불어 물산장

대동강변에서 모임을 가진 신간회 평양지회 간부들 : 오른쪽 여섯 번째가 조만식

려운동도 종래 조선물산에 대한 수요를 창출하여 토착 상공업을 육성하려던 데서, 합리적 소비를 통해 파산 지경에 이른 도시서민과 소농민의 생활 안정과 개선을 도모하는 방향으로 중심을 이동해 갔다.

이후 조만식은 1932년 11월 조선일보 사장에 취임하여 서울로 활동무대를 옮겼다가, 신문사 경영난과 지역감정의 혹독한 단련을 받고 9개월 만에 다시 평양으로 돌아왔다. 그리고 조선물산장려회와 관서체육회의 회장으로 복귀하여 지역사회의 대소사를 챙겼지만, 예전 같은 활기를 찾기는 힘들었다. 50을 넘긴 초로의 나이에, 갈수록 거세지는 일제의 압박이 더해져 운신의 폭이 크게 좁아진 때문이었다. 1936년 5월 을지문덕묘산수보회의 회장을 맡아 고적보전운동을 전개한 것이 일제하에 그가 수행한 마지막 공식 경력이었다. 조선물산장려회를 비롯해 그가 회장으로 있던 단체들은 1937년 중일전쟁 무렵 모두 일제에 의해 강제로 해산당하였다. 그 뒤 중일전쟁과 태평양전쟁을 연이어 도발하며 단말마적 발악을 하던 일제가 전시 협력을 강요하자, 그는 비타협의 입장을 고수하며 은신의 길을 택하였다.

해방과 더불어 조만식은 평안남도 건국준비위원회 위원장에 추대된 데 이어, 소련군 진주 후 민족진영과 공산진영이 반반씩 참여하여 구성된 평안남도 인민정치위원회의 위원장에 선임되었다. 그리고 1945년 11월 3일 민족독립, 남북통일, 민주주의 확립을 정강으로 하는 민족주의 정당 조선민주당을 창당하여 당수에 취임하였다. 당시 그는 38도선 이북 지역에서 좌우익 모두로부터 신망을 받는 유일한 지도자였다.

신간회 평양지회 회장 시절처럼 해방 직후에도 그는 민족의 대동단결을 위해 혼신의 힘을 기울였다.

평남 인민정치위원회에서 무상몰수 무상분배의 토지개혁 문제를 놓고 좌우익이 대립할 때, 그는 토지개혁의 필요성에 공감하되 그 방법은 좀 더 신중히 검토하자는 선에서 사태를 중재하였다. 그러나 모스크바 3상회의 결정으로 그러한 노력은 이내 벽에 부딪히고 말았다. 그는 소련 측에서 후견제로 표현한 3상회의 결정의 신탁통치 조항에 반대 의사를 분명히 하였고, 그 결과 숙소인 고려호텔에 연금당하는 신세가 되었다. 1946년 1월 5일 개최된 평안남도 인민위원회 전체회의가 3상회의 결정에 대한 좌우익의 입장 차이로 결렬된 직후의 일이다.

그에 앞서 오산학교 시절 제자였던 북한 정권의 제2인자 최용건이 수차 방문하여 설득을 했으나, 선생의 입장은 만세 반석이었다고 한다. 설득과 회유가 통하지 않자 최용건은 2월 5일 조선민주당 열성자협의회를 열어 조만식 규탄선언문을 채택하고, 강량욱을 임시 당수로 선출하였다. 그 뒤 소련군 당국이 3상회의 결정을 지지하겠다고 번의만 하면 북한지역 최고지도자의 지위와 권한을 넘길 용의가 있음을 내비치며 회유했지만 그 또한 소용이 없었다.

한편 주변 인사들이 나서 조만식을 월남시키려는 비밀공작이 수차에 걸쳐 추진되기도 하였다. 그러나 이때에도 그는 이북의 동포를 버려두고 혼자 떠날 수 없다며 거절했다고 한다. 그리고 첫 부인과 사별하고 재혼한 전선애 여사와 1946년 가을 마지막으로 만나 자신의 머리카락이 든 봉투를 건넸다. 자신의 운명을 예감하고 고난의 십자가를 걸머질 각오를 한 것이다.

1947년 7월 제2차 미소공동위원회 미국 측 대표로 평양에 온 브라운 소장과 면담한 것을 끝으로 이후 조만식의 행적은 확인되지 않는다. 6·25전쟁 직전 북에 억류된 조만식과 남에 구속되어 있는 김삼룡·이주하를 맞교환하자는 북한 측의 제의가 있었지만, 곧바로 동족상잔의 비극적 전쟁이 일어났고 그것이 마지막이었다.

맺음말

고당 조만식은 흔히 인도의 정신적 지도자 마하트마 간디에 비견된다. 상인 집안 내지 그 카스트 출신으로 식민 본국의 심장부에 유학하여 법학을 전공한 이력이라든지, 일상에서 몸소 토산장려의 모범을 보이며 민중의 교사로 나선 점에서, 그리고 강한 종교적 신념을 바탕으로 비폭력 무저항의 민족운동을 이끌어 나간 점에서 두 사람은 닮음꼴이었다. 더욱이 두 사람은 최후마저도 비슷했다.

제2차 세계대전이 끝난 뒤 간디는 힌두교도와 이슬람교도, 시크교도가 평화롭게 더불어 사는 하나된 인도의 건국을 소망했다. 그러나 현실은 힌두교도가 다수를 차지하는 인도와 이슬람국가 파키스탄이 각각 분리 독립하는 것으로 나타났다. 설상가상으로 각처에서 종교분쟁이 일어나 수많은 양민이 학살당하는 사태가 속출했다. 이때 간디는 두 종교의 화해와 공존을 외치며 마지막 단식에 들어갔고, 악화일로에 있던 분규는 점차 진정의 기미를 보였다. 하지만 1948년 1월 30일 반이슬람 힌두교 근본주의자가 쏜 총탄에 최후를 맞아야 했다. 그의 주검은 힌두교도와 이슬람교도 사이에 평화를 되찾는 제물로 불살라졌다.

조만식 또한 동족상잔의 전쟁이 한창이던 1950년 10월 북한 인민군의 평양 후퇴 과정에서 희생당한 것으로 알려져 있다. 간디와 마찬가지로 민족의 제단에 화해의 제물로 자신을 바친 것이다. 그가 일신의 안락을 구하려 했다면 아마도 월남의 길을 택했을 것이다. 그러나 그에게는 그동안 생사고락을 함께해 온 북녘 땅의 민중이 무엇보다 소중했다. 그가 일신의 영달을 탐하려 했다면 아마도 소련군 당국이 내민 북한지역 최고지도자의 감투를 달게 받았을 것이다. 그러나 그것은 그의 민족적 양심이 허락하지 않았다. 그래서 간디가 걸었던 마지막 길을 따라, 민족 분단의 한가운데서 십자가의 고난을 선택한 것이다. 부활의 신앙으로 통일과 공생의 새벽을 내다보며. 그러나 그 주검의 부활은 아직도 미완인 채로 남아 있다.

제7장

YMCA 농촌운동의 산증인 신흥우

조이제 목사
(샘솟는교회)

신흥우 1883~1959

YMCA 농촌운동의 산증인
신흥우

머리말

신흥우(申興雨)는 한국 기독교를 대표하는 평신도 중의 한 사람이다. 그는 감리교의 지도적인 평신도였을 뿐 아니라 배재학당과 YMCA를 이끌었고, 국제적으로도 큰 공헌을 남긴 인물이다. 선교사들은 그를 자신들이 내세울 만한 업적의 하나로 생각했고, 그도 자신을 한국 기독교가 자랑할 만한 한 '전시물'로 생각했다.

신흥우는 미감리회에서 설립한 선교 학교인 배재학당에 입학하면서 이전까지 경험했던 것과 다른 새로운 세계를 살게 되었다. 그는 배재학당에서 기독교와 민주주의 사상을 접하게 되었으며 이를 자신의 가야 할 길로 선택했다. 이후 미국에 유학하여 석사학위를 받았고 귀국하여서는 배재학당 최초의 한국인 교장이 되어 교육 사업에 매진하였다. 그다음에는 서울YMCA의 총무가 되어 YMCA를 이끌었다. 특히 그는 YMCA의 농촌운동을 실질적으로 주도하면서 당시 한국 사회의 주요한 과제 중의 하나인 농촌문제를 해결하려 한 산증인으로 역할했다. 또 그는 흥업구락부와 적극신앙단 등을 조직하여 기독교를 갱신하는 운동에도 앞장섰다. 이러한 활동으로 신흥우는 일제시대 기독교운동과 사회운동에서 큰 비중을 차지하는 인물이 되었다.

성장과 교육

신흥우는 1883년 3월 26일 충북 청원군 남성면 묵정리에서 신면휴(申冕休)의 3형제 중 막내로 태어났다. 그는 신숙주의 16대손이었고, 그의 가문은 정변을 피해 낙향한 선비 가문이었다. 그는 어려서부터 아버지에게서 한학을 배우기 시작하였고, 7살 때부터는 서울에 올라와 살게 되었다.

1. 배재학당과 삶의 변화

1894년에는 미감리회에서 설립한 선교 학교인 배재학당(培材學堂)에 입학하였다. 그가 배재학당에 입학한 것은 다른 사람의 경우와 마찬가지로 세상이 변하는 시기에 '출세'할 수 있는 길을 열어주는 영어를 배우기 위해서였다. 오로지 영어만을 배우고자 하였지만 그는 배재학당에서 아펜젤러·서재필·윤치호 등을 만나게 되었고, 이들을 통해 민주주의를 배웠다. 곧 근대적 세계관을 습득하게 되었고, 이를 통해 봉건적 관념에서 벗어나 민주주의적 가치를 내면화할 수 있었다. 그리고 매일 실시하는 아침기도회(예배)와 성경공부 시간을 통해 기독교가 가진 역동성도 느끼게 되었다. 이로 인해 기독교에 대해 갖고 있던 선입견과

편견이 조금씩 해소되면서 기독교인이 되었고, 자신의 삶의 목적과 방향을 크게 바꾸게 되었다. 개인의 출세 중심의 삶에서 자신을 희생하여 하나님과 이웃을 섬기는 삶을 살게 된 것이다. 이러한 신앙은 사회 현실을 바꾸고자 하는 그의 이후 활동의 근거가 되었다. 그는 협성회, 독립협회 등 여러 활동에도 적극 참여하여 선교사들로부터 '배재 소년(Pai Chai Boy)'으로 불릴 정도로 초창기 배재학당의 '상징적' 인물로 변화되었다. 또 평생 동지 관계로 살게 되는 이승만과 함께 활동하는 기회도 가졌다.

2. 감옥 학교와 지식인의 집단 개종

배재학당을 졸업한 후에는 덕어학교(德語學校)에 들어가 독일어를 공부하였다. 그는 덕어학교에서도 배재학당에서 했던 것처럼 학생회를 조직하고 토론회 등을 통해 개화사상과 독립의식을 일깨우는 활동을 벌였다. 이러한 활동으로 그는 일본에 망명 중인 박영효를 대통령으로 옹립하려 한다는 조작된 혐의로 1901년 11월 체포되어 한성감옥에 갇혔다. 그는 억울하게 2년 동안 옥고를 치렀지만 주저앉아 신세 한탄을 하거나 복수의 칼을 갈지 않았다. 오히려 그는 이를 자신의 발전을 위한 기회로 삼았다. 선교사들이 들여보내준 책들을 읽으며 실력을 쌓았고, 옥중 동지들과 함께 감옥 안에서 학교를 운영하였다. 또 옥중 전도도 실시하여 독립협회 관련자 등 감옥에 갇혀 있던 양반 지식층의 사람들을 기독교인으로 개종하게 하는 계기도 마련하였다. 이들 지식인들의 집단적인 개종은 기독교 교인의 신분 계층 변화의 계기가 되어 한국 기독교가 질적으로 한 단계 더 발전할 수 있는 기반이 되었다.

3. 미국 유학

출옥 후인 1903년 봄에는 더 공부하기 위해 미국으로 건너갔다. 남캘리포니아대학교에 입학하여 예과 2년을 마치고 의과대학에 들어갔다. 그러나 학비가 너무 많이 들어 도중에 그만두고 문리과대학으로 전과하고 말았다. 유학 시절 그는 친일 미국인 스티븐슨을 사살한 장인환 사건의 재판 통역을 맡아 그를 구명해 내는 역할을 하기도 하였다. 그리고 일제에 나라의 주권을 빼앗기자 그는 귀국하여 민족을 위한 일에 자신의 몸을 바쳐야 하지 않은가 하고 고민하기도 했지만 "길을 찾아 나아가는 데는 한 걸음씩 한 걸음씩 앞으로 나갈 수밖에 없다"고 생각을 정리하여 당면한 학업을 계속하였다. 1911년에 석사학위를 받고 귀국하였다.

배재학당 교장

1. 배재학당의 활동

귀국 직후인 1911년 6월 미감리회 선교부의 요청으로 모교인 배재학당 학감에 취임하였다. 이듬해 1월에는 최초의 한국인 학당장(교장)으로 임명되어 학교 발전을 위해 헌신하게 되었다. 그는 교장으로 활동하

1885년 설립된 초창기 배재학당 교사의 현재 모습

면서 근대 한국 사회와 민족을 이끌어 갈 수 있는 많은 정열적이고 유능한 민족 지도자들을 양성해내었다. 그리고 현대식 교사를 건축하였고, 학당 체제를 개편하여 '고등보통학교'의 시대를 열었다.

한편 1919년 3·1운동이 일어났을 때 신병을 이유로 평양 기홀병원에 입원해 있었고, 그 직후에는 미국에서 열린 세계감리교대회에 참석하는 등 민족운동에 소극적으로 대처했다고 하여 구설수에 오르기도 했다. 아무런 변명을 하지 않았던 그는 결국 이러한 일로 인해 1920년 1월 배재학당에서 권고사직을 당하고 말았다.

2.《한국의 갱생》 발표

그렇지만 그는 미국에 머무는 동안 두 가지의 중요한 일을 수행하였다. 하나는 "한성정부"의 문건을 목숨 걸고 미국까지 운반하여 이승만에게 직접 전달했다는 것이다. 한성정부 문건은 1919년 4월 23일 국내에서 활동 중이던 전국 13도의 민족 지도자들이 서울에서 국민대회를 개최하고 집정관 총재에 이승만을 선임하는 등 임시 정부의 수립을 선포한 것을 내용으로 한 것이다. 이 문건으로 경쟁적으로 수립된 임시정부가 통합되는 과정에서 이승만은 최고의 지도자로 부상할 수 있었다.

또 다른 활동은 3·1운동의 내용을 전세계에 알린 것이다. 그는 여러 차례의 강연 등을 통해 3·1운동의 실상과 일제의 악정을 증거하였고, 비밀리에 가지고 간 자료를 가지고 석 달 동안에 《한국의 갱생》(*The Rebirth of Korea*)을 영문으로 집필 발표하여 전 세계에 큰 파문을 일으키기도 했다.

YMCA 운동

1. 한국YMCA의 독립

배재고보에서 물러난 이후 그는 YMCA 운동에 투신하였다. 즉 1912년부터 이사직에 몸담고 있던 서울YMCA의 총무로 선임된 것이다.

이후 신흥우는 "한국YMCA 역사상 가장 위대한 Y맨"으로 역할하였다. 그는 1920년부터 1934년까지, 또 1954년부터 1957년까지 20년 동안 서울YMCA 총무로 활약하였다. 이 시기는 한국YMCA 역사에 있어 중대한 의의를 갖는 시기였다. 신흥우에게는 YMCA의 일이 교회를 위하는 일이었고, 나라 일이었으며, 세계를 위한 일이었다. 그는 YMCA를 본거

신흥우의 황성기독교청년회(서울YMCA) 총무 취임 기념 사진 : 맨 왼쪽이 신흥우

도쿄YMCA에서 열린 한일YMCA 대표자 회의(1913) : 뒷줄 오른쪽 네 번째가 신흥우

지로 하여 혹은 농촌으로, 혹은 국제 무대로, 혹은 교육계와 종교계로 나갔던 것이다.

1920년 2월 총무로 취임한 신흥우는 먼저 한국YMCA의 독립을 위해 일하였다. 한국YMCA는 중국YMCA연맹 자매 관계가 취소되고 1913년 4월 강제적으로 일본YMCA에 예속되어 그 독립권을 잃고 있었다. 총무로 취임한 신흥우는 이 같은 수치스러운 관계를 바꾸어 한국YMCA가 대외적으로 독자성을 가질 수 있는 길을 열기 위해 노력하였다. 신흥우 등 한국대표들은 1922년 5월 일본 도쿄에서 열린 '한일YMCA 대표자회의'에서 일본 측 대표들을 설득하여 1913년의 협정을 폐기하는 '건의안'을 작성해내어 한국YMCA가 독립할 수 있게 하였다. 이후 계속적인 활동을 통해 1924년 7월 YMCA세계연맹에 한국YMCA가 단독으로 가입할 수 있었다.

이로써 한국YMCA는 남과 같은 대우를 받게 되었다. 이 같은 활동은 한국YMCA가 세계기독교계에서 일본YMCA의 통제로부터 벗어나 독자적으로 활동할 수 있는 근거를 만들었다는 점에서 높이 평가할 만하다.

2. 국제 활동

신흥우는 국제적인 활동에도 적극 나섰다. 각종 국제회의를 통해 한국의 상황을 알리면서 나라의 독립을 이루기 위해서였다. 신흥우는 1920년 8월 미국 상하원 의원시찰단이 중국을 거쳐 한국에 오게 되었을 때, 이들을 위한 환영회를 열고 이를 독립운동의 기회로 활용하고자 했다. 환영회는 일제의 저지로 이루어지지 않았다. 그러나 당시 내한했던 위원 중 한 사람인 포드는 미국으로 돌아가 '범태평양협회' 란 국제기구를 조직하고 신흥우가 활동할 수 있도록 도왔다. 신흥우는 1921년 8월 하와이에서 열린 제1회 범태평양 교육대회에서 미국을 비롯하여 뉴질랜드·일본·중국 등 10여 개 나라 사람들 앞에서 일본의 식민지 교육정책을 날카롭게 비판하였다. 1925년 6월 30일에 열린 '범태평양문제연구회' 에서는 한국대표로 연설하여 그의 외교적 수완을 과시하였다. 그는 연설을 통해 식민지 한국이 당하고 있던 일제 정책의 불평등과 차별성을 폭로하면서 "한국인의 운명을 자신이 결정할 수 있는 권리와 자유를 달라"고 요구하였다. 이 같은 그의 연설로 회의장이 극도로 긴장하기도 했고, 또 연설 전문이 언론에 보도되어 큰 파장을 일으키기도 했다. 회의를 마치고 귀국한 그는 1925년 11월 28일 태평양문제연구회 조선지회를 창립하여 국제적인 외교 활동을 계속했지만 이마저도 일제의 방해로 위축되고 말았다. 결국 신흥우도 국제회의를 통해 한국의 독립문제를 논의하는 것과 세계 열강으로부터 독립을 보장받는 것이 불가능하다는 것을 알게 되었다.

3. YMCA 농촌운동

1) 농촌의 파탄과 농촌운동

신흥우는 당시 한국의 파탄 난 농촌 문제를 해결하기 위해 농촌운동을 주도적으로 이끌었는데 이로 인해 그는 'YMCA 농촌운동의 산증인' 으로 불리게 되었다. YMCA 농촌운동은 몰락한 한국의 농촌 사회를 일으켜 세우기 위한 민족운동적 성격을 지닌 것이다. 당시 한국의 농촌은 자작농의 몰락과 소작농의 급증, 농가부채의 증가 등 전체 인구 80% 이상인 농민들 대부분이 절대빈곤 상태에 빠져 있었다. 이러한 농촌의 현실은 민족의 독립을 모색하던 신흥우나 YMCA가 외면할 수 없는 민족적 과제였다.

신흥우는 농촌 현실을 변화시킬 수 있는 현실적인 운동이 필요하다고 보고, YMCA가 그것을 감당해야 한다고 생각하였다. 신흥우는 1923년 겨울 서울 근교의 농촌 자마장과 부곡리에서 자신이 직접 농민들과 생활하면서 농민들의 실정·관습·가족문제·생활·교육·종교·심리상태 등 전반적인 농촌의 현실을 조사하였다. 이러한 경험과 조사를 토대로 신흥우는 '정신적 소생, 사회적 단결, 경제적 향상'을 목표로 하는 YMCA 농촌운동을 구상하였고, 1924년에는 미국으로 건너가 북미 YMCA 국제위원회 총무 모트 등과 회담을 갖고 지원을 이끌어내어 농촌운동을 시작할 수 있는 물적 기반을 마련할 수 있었다.

2) 제1기(1925~1928): 농민교육과 농촌계몽운동

본격적인 YMCA 농촌운동은 이후 시작되었는데, 그 사업의 규모와 내용에 따라 제1기(1925~1928), 제2기(1928~1932), 제3기(1932~1937)의 세 단계로 이루어졌다. 제1기에는 농민교육, 농촌계몽운동이 사업의 중심 내용이 되었다. 북미YMCA 국제위원회에서 농촌 문제 전문가들이 파송되었고, 한국인 농촌운동 간사도 확보되어 농촌운동에 대한 진용이 꾸려졌다.

농촌운동을 제일 먼저 시작한 것은 서울YMCA였다. 서울YMCA는

1925년 2월 9일부터 서울 근교의 20여 마을을 대상으로 간이교육·담화회·환등영사회·실지지도 등의 사업을 통해 ① 81개소의 간이교육 과정을 통해 695명의 수업자를 배출하고 ② 마음을 정직히 하며, 조선 국문을 배워 지혜를 넓히고, 노동을 힘써 실업을 장려하며, 신체를 건강히 하는 등을 강령으로 하는 (삼각) 농우회를 4개소에 조직하는 등의 성과를 거두었다. 그리고 ③ 농작물에 대한 통계, 재래경작의 결점과 장래의 경작개량, 부업장려, 가축통계, 수이입에 대한 이해관계, 위생관념의 함양, 사회사정, 풍속교정 등으로써 상식을 보급하는 강화회의 개최 ④ 촌락 순회환등 및 활동사진회의 개최 ⑤ 종돈·종계의 배부 ⑥ 간이교육 수료자를 대상으로 한 정신·교육·위생·도덕·산업 등에 관한 팸플릿 배포 등의 활동을 전개하였다. 이후 YMCA 농촌운동은 광주, 함흥, 신의주, 선천 등의 지역으로 확산되어 나갔다. 이러한 초기 활동을 토대로 1926년 4월에는 YMCA 농촌운동의 기본 윤곽이 마련되었는데 그 목적은 다음과 같이 정해졌다.

> "목적: 우리는 한국에서의 농촌운동의 주된 목적이 정신적·문화적·경제적 향상에 있다고 본다. 우리는 먼저 사람들이 하나님과 그리고 서로간에 올바른 관계 속에서 살아가도록 협조할 것이며, 그들의 일상 과제 속에서 정신적 가치를 실현할 수 있는 방도를 찾아 나가려 한다. 우리는 마을에서 문맹을 퇴치하는 데 진력할 것이며, 농민들의 요구에 합치되는 그밖에 다른 교육과정들을 추진해 나갈 것이다. 우리는 농사방법의 개량, 가정 경제와 마을 산업의 발전, 합법적이고 우애 넘친 협동정신의 표현을 통해 경제적 상태의 향상을 도모해 나갈 것이다."

아울러 YMCA연합회는 농촌운동의 체계적이고 조직적인 전개를 위해 간이교육용 교재를 비롯하여, 《농촌문고》, 《농촌독본》 등 농촌운동에 필요한 서적을 간행하였다. 이 가운데 특히 농촌피폐의 원인과 농촌문제의 요소, 농촌운동의 취지와 계획, 시행방법과 조직 등에 대하여 정리해 놓은 《농촌지남》(1926)과 《농촌요람》(1926)은 이 시기 YMCA 농촌운동의 지침서 역할을 하였다. 그리고 1927년 10권으로 발간된 《농촌총서》는 농민들의 농사개량 교과서로서 의미를 갖는 것이었다. 1927년 9월에는 콜럼비아대학 농촌사회학 교수 브루너가 내한하여 한국농촌에 관한 사회과학적인 조사연구를 하여 이것을 국제선교협의회(I.M.C.)에 보고한 것도 이 시기였다.

3) 제2기(1928~1932): 조직 정비와 협동조합운동

제2기에는 농촌운동의 전국적인 조직 정비와 농사개량·협동조합운동이 전개되었다. 전국 차원의 사업구역 구분과 더불어 농업전문가들의 내한이 일단락됨에 따라 각 지방별로 조직적인 사업의 전개가 가능하게 되었으며, 협동조합이 주력사업으로 자리를 잡게 되었고, 장로회·감리회 양 교파 및 각 선교회와 연합으로 에큐메니칼 운동 차원에서 농사강습회가 전국적으로 개최되기에 이르렀다. 또 신흥우는 1928년 국제선교협의회의 예루살렘 대회에 참가하고 난 뒤에 덴마크 농촌을 시찰하였다. 이것이 YMCA 농촌운동에 새로운 전기가 되어 '덴마크 농촌'을 모델로 하여 협동조합운동과 농사강습회, 그리고 농촌지도자 양성 등의 사업을 전개하게 되었다.

YMCA는 1928년 12월 농촌운동 구역편성을 중앙지방·관북지방·

관서지방·영남지방·호남지방의 5개 지방부로 재조정하고, 1929년 1월 각 지방부에 한국인 간사 1인과 북미YMCA 국제위원회에서 파송한 농업전문가 1인씩을 배치하였다. 이후 지방부는 마을 단위의 삼각농우회·협동조합·농촌야학 조직이 확산되고, 농촌운동이 실시되는 지역의 청년들을 중심으로 군단위의 농촌YMCA가 조직되면서, 이전까지의 순회 지도구역으로서의 성격에서 지역 조직의 연합체적 성격으로 점차 그 조직의 위상이 변화되었다.

그리고 협동조합운동도 활발하게 이루어졌다. YMCA가 주목한 협동조합의 형태는 신용·구매·판매·생산·이용 등의 각 방면을 포괄하는 산업신용조합이었다. 협동조합운동은 특히 고리대를 추방하고 저리 대부를 실현할 수 있었기에 농민들이 적극 참여할 수 있는 계기가 되었다. 1929년 5월 전국 49개 협동조합에 조합원 1,692명에 달하는 성과를 이룰 수 있었다. 이로써 YMCA 농촌운동이 명실공히 전국적인 조직 기반을

1925년 제1회 농촌지도자 강습회 : 두 번째 줄 맨 왼쪽이 신흥우

갖추고 효율적으로 전개되어 나갈 수 있는 기반이 마련된 것이다. 또 보다 체계적인 사업의 추진과 성과의 교류를 위해 《농촌청년》 등과 같은 YMCA연합회 차원의 출판사업도 활발히 전개되었다. 이러한 성과에 힘입어 YMCA 농촌운동의 여파는 장로교와 감리교 및 예수교 연합공의회 등 기독교계 전반으로까지 확산되어 나갔다.

4) 제3기(1932~1937): 농촌지도자 양성운동

제3기에는 농촌운동 3대 강령의 발표와 농촌지도자 양성운동이 그 중심 사업이 되었다. 이 시기는 신흥우가 1931년 12월 '농촌운동의 3대 강령'을 발표하고 YMCA 농촌운동의 다음 단계로의 진입을 선언하면서 비롯되었다. 그는 "첫째 정신의 소생, 둘째 생활의 조직, 셋째 농사개량"을 3대 강령으로 내세우면서 농촌지도자 양성을 중심으로 하는 사업

강연하는 신흥우 : 청중 맨 앞에 후일 1960년 민주당 대통령 후보가 되는 조병옥이 앉아 있다(1918)

을 전개하였다. 1933년에는 농촌사업을 '향촌사업'이라 부르고, 농민 생활 전체를 사업 대상으로 삼으며 영적훈련기관(교회, 지역YMCA, 고등농민학교)·교육기관(서당, 야학, 강습소)·협동기관(협동조합, 신용조합) 등의 육성을 제시했다.

그렇지만 신흥우가 적극신앙단 등 개인적인 문제에 휘말리게 되고, 일제가 대륙침략을 계획하면서 한국농촌을 재편하는 농촌진흥운동을 추진하면서 YMCA 농촌운동은 거의 중단되는 지경에 이르고 농촌부가 해체되면서 공식적으로 중단되었다.

사회 참여 활동

1. 흥업구락부

신흥우는 사회 계몽을 통하여 현실을 극복하고자 하는 사회 참여 활동에도 적극 나섰다. 1925년 4월 자신의 집에서 표면적으로 친목단체를 가장한 비밀결사체로 '흥업구락부'를 조직했다. 흥업구락부는 표면적으로는 국민의 복리 향상과 산업 진흥을 목적으로 하였지만 실제적으로는 민족 관념을 보급하고 조선 독립을 도모하여 해외 독립운동가들에게 운동 자금을 지원하고자 하는 일종의 정치적 비밀결사 조직이었다. 이 단체는 그의 평생동지인 이승만과 일정한 교감을 갖고 운영되었고, 회원들을 상류 유식계층에 속하는 기독교 목사와 장로, 교사 등 사회 유력자들 중에서 엄선했기 때문에 이 단체는 상당한 영향력을 가지고 있었다. 1938년에는 명맥만을 유지하면서 사실상의 활동을 정지한 흥업구락부가 다른 사건을 조사하던 중 발각되어 신흥우를 비롯한 많은 사람들이 체포되어 견디기 힘든 가혹한 신문을 받았다. 흥업구락부 관련 인물들이 사회적 영향력을 가진 인물이었으므로 일제는 이들을 자신들의 정책을 선전하는 도구로 활용하고자 했다. 결국 신흥우 등은 일제의 압력을 견디지 못하고 '사상전향 성명서'를 발표하여 석방되었고, 이후 창씨개명과 친일강연회 등 노골적인 친일행각에 동원되어 철저히 이용당하였다.

2. 적극신앙단

1926년 2월에는 서울YMCA 회관에서 기독교연구회를 조직하였고, 이듬해인 1927년에는 YMCA연합회에서 교회진흥운동을 벌인 바 있었다. 그 후 이 양자를 발전시켜 1932년 적극신앙단을 조직하였다. 적극신앙단은 "기독교의 민중화, 생활의 간소화, 산업기관의 신설, 조선적 교회 설립"을 추구했으며 '동등대우', '보수동등', '공동활동', '단체발전' 등 생활개조 21개조도 제시하였다. 하지만 교회의 초교파적 일치, 토착화, 반선교사 사상, 계급타파 및 노동운동적 조항 등이 이면에 깔린 신앙운동을 보수 세력이 용납할 리 없었다. 결국 감리교와 장로교 모두가 이를 인정하지 않음에 따라 1935년 적극신앙운동은 종말을 고했으며, 그 또한 YMCA 총무직을 사임하였다. 한편 이듬해인 1939년 9월 아펜젤러 2세의 후임으로 다시 배재고등학교 교장에 취임하였다가 태평양전쟁 직전 스스로 교장직을 사임했다.

3. 해방 후의 정치 활동

해방 후 1948년 7월에는 영자신문 *The Union Democrat*를 창간하여 편집자 겸 주필로 활동하였고, 1950년 1월 이승만 대통령에 의해 주일특명전권대사 겸 주일연합군 최고사령부 파견 외교사절단장으로 임명되어 활동하였다.

그러나 얼마 지나지 않아 이승만과 대립하게 되어 독자적인 정치 활동에 나섰다. 1950년 5월 제2대 국회의원에 무소속으로 출마하여 정치적 입지를 노렸으나 고배를 마심으로 실패하였다. 6·25전쟁 중인 8월에는 미국으로 건너가 한국 사정을 알리면서 도움을 요청하였고, 1951년 2월 미국에서 자신의 자서전이라고도 말할 수 있는 《살길을 찾아서》라는 저서를 집필하였다. 1952년 4월 귀국하여 제2대 대통령 선거에 출마했으나 역시 낙선하여 정계 진출 좌절을 맛보았다. 1954년 7월 대한YMCA연합회 고문총무로 추대되어 다시 청년운동에 나섰고, 1955년 1월 "그리스도 청년의 보국운동"이라는 제목으로 4대 강령을 발표하는 등 자못 활기찬 기독청년운동을 추진해 나갔다. 1957년 7월 민주당에 입당, 고문에 추대되면서 다시 정치 활동을 시작하였고, *The Korea Times*, 〈한국일보〉 등에 이승만의 독재를 비판했다.

그러나 그 후부터 건강이 악화되어 요양하던 중 1959년 3월 15일 서울 종로구 옥인동 자택에서 만 76세를 일기로 별세하였다. 신흥우의 삶을 성공한 삶으로 보기는 어렵다. 그러나 당시의 시대적 제약에도 포기하지 않고 끊임없이 '민족의 독립'과 '독립역량의 건설'을 실천했다는 점은 다시 평가받아야 할 것이다.

제8장

다석 유영모의 삶과 사상을 말한다

이정배 교수
(감리교신학대학교 종교철학과)

유영모 1890~1981

다석 유영모의
삶과 사상을 말한다

다석 유영모는 누구인가?

1. 다석이란 말의 뜻

주지하듯 다석(多夕)이란 유영모 선생의 호를 일컫는다. 선생의 호가 지닌 뜻을 캐내면 그의 사상을 일견(一見)할 수 있다. 다석이란 한자가 말하듯 '많은 저녁' 이란 뜻이다. 그가 저녁을 좋아하는 이유는 그것이 지니는 동양적 함의 때문이다. 지금껏 기독교로 대변되는 서구는 항시 '빛' 을 선호했고 그와 동일시되었다. 빛은 기독교 서구에 있어 언제든 악을 이기고 어둠을 극복하는 선의 상징이었던 것이다. 주지하듯 빛은 달리 표현하면 인간의 의식과 동일시된다. 빛이 있어 판단이 가능해지듯 일체의 것을 분별하는 기준이 바로 의식인 탓이다. 의식으로 인해 선악 판단이 가능하고 호불호가 명백해지는 것이 일상사이다. 지금껏 서구는 빛 내지 인간 의식(이성)을 앞세워 주체(동일)성 철학을 탄생시켰고 그로써 서구 밖 세계를 지배하고 정복하는 이데올로기를 정초해왔다. 하지만 다석은 자신의 호를 통해 오히려 이런 빛을 끄라고 말한다. 빛, 곧

의식 때문에 인간은 더 큰 세계(영성)를 보지 못하고 자신 속에 갇혀 버린다는 것이다. 한낮의 빛 때문에 밤에 빛나는 창대한 우주를 보지 못하고 자기의식으로 인해 존재의 본질(Suchness)을 놓쳐 버리는 것이 인간의 현실이다. 이 점에서 영성을 통해 더 큰 세계를 보고자 인간의 의식을 끄라는 것이 다석이란 호가 지닌 뜻이다. 이 점에서 한 철학자는 다석 사상의 본질을 '태양(빛)을 끄라'는 한마디 말로 정의한 바 있다. 이는 동양사상의 진수를 보인 것으로서 얼마 전 타계한 제자 김흥호가 말하듯 그는 자신의 사상을 '동양적 기독교'라 표현할 수 있었다.

최근에 이르러 다석 유영모(1890~1981)는 널리 알려지기 시작했다. 1960년대 YMCA 현동완 총무의 지원과 도움으로 유영모는 그곳에서 연경반을 열어 소수의 제자들을 가르쳤다. 하지만 유영모는 많은 제자를 거느릴 만한 대중 학자는 아니었다. 들을 귀 있는 각자(覺者)들을 상대로 열과 성을 다해 가르쳤을 뿐이다. 청중이 한두 사람, 어느 경우는 전혀 없었던 때도 있었으나 당시 연경반이 열리지 않은 적이 없었다 한다. 청중이 전혀 없을 것을 염려하며 자신만이라도 자리를 지켜야 한다는 심정으로 그곳을 찾은 적도 있었다고 김흥호는 술회했다. 지금껏 함석헌의 스승으로 호칭되어 왔으나 2008년 서울에서 열린 세계 철학자 대회를 통해 한국을 대표할 뿐 아니라 세계 철학의 반열에 서는 대사상가로 평가될 수 있었다. 다석이 남긴 난해한 저술인 《다석일지》(多夕日誌)가 김흥호에 의해 풀어졌고 박영호가 그를 대중화시켰으며 몇몇 철학자, 신학자들이 다석 사상을 학문화시켰던 탓이다. 당시 다석은 세계에 이미 널리 알려진 불교의 원효, 유교의 퇴계·율곡에 버금가는 학자로서 평가받을 수 있었다. 하지만 기독교를 배경했기에 기독교 사상가로 자리매김 되었으나 그의 사상은 유불선을 아우르는 통섭적 구조를 가지고 있었다. 이 경우 통섭은 하나의 원리로 일체를 꿰는 서구(E. 윌슨)의 것과 달리 물과 소금이 소금물이 되어 둘이 나뉠 수 없는 상태에 이른 것이라 하겠다. 지금껏 서구 기독교가 신(神)의 존재에게로 모든 것을 귀결시켰다면 최근 사회생물학자들은 유전자 환원주의를 앞세워 신학에 반기를 들고 있는 추세다. 그러나 어느 경우든 하나의 원리로 일체를 귀결시키는 것은 다석의 통섭론, 곧 동양적 기독교 이해와는 거리가 멀다. 이는 난랑비 서문에 실린 최치원의 '포**함**삼교'에서 말하는 '**함**(含)' 원리가 구체화된 경우라 하겠다. 한국 고유한 도(道, 풍류)가 유불선을 포함하되 각기 그들 고유한 색조를 결코 소멸치 않았다는 것이다. 소금물 속에 소금과 물이 공존하듯 다석의 기독교가 유불선의 맛을 지닌 동양적 기독교로 불리는 이유가 바로 여기에 있다. 이런 다석 사상의 배경으로 흔히 다음의 요소들이 거론된다.

2. 다석을 만들고 이끈 정신적 유산들

우선 아(我)와 비아(非我)의 투쟁을 자신의 역사관으로 삼았던 단재 신채호의 영향력이 다석에게 평생 영향을 미쳤다. 단재는 대종교를 중시했던 사람으로서 후일 민족 독립을 위해 아나키즘을 주창하기도 했던 급진적 민족주의자였다. 하지만 단재의 영향력은 다석으로 하여금 민족경전인 천부경에 관심을 갖게 했고 그 속에 담긴 천지인(天地人) 삼재(三才) 사상을 자신 철학의 근간으로 삼도록 했다. 이후 다석은 삼재론 자체를 종교적으로 해석했고 이에 근거하여 기독교를 비롯한 유불선 종교를 동양적(한국적)으로 달리 구성할 수 있었다. 예컨대 성부, 성자, 성령을 불교의 견성, 고행, 성불, 유교의 천명지위성(天命之謂性), 솔성지위도(率性之謂道), 수도지위교(修道之謂教)와 다르지 않다고 본 것이다. 이는 이어서 말할 제소리의 차원에서 이해될 수 있는 경지다. 알려졌듯 톨스토이 영향은 기독교를 비정통적으로 이해할 수 있는 토대가 되었다. 여기서 비정통적이라 함은 이후 '동양적'이란 한정사와 쉽게 만날 수 있는 부분이다. 톨스토이는 러시아 정교회에서 사유재산의 철폐와 성직제도 타파를 위해 힘쓰던 사상가이기도 했다. 임종 시 정교회와 가족들로부터 배척받아 객사한 아픈 삶의 경험을 갖고 있는 존재다. 늙은 나이에 스스로 자신이 엄선한 톨스토이 바이블을 만들기도 했는데 특히 산상수훈을 중시했다. 톨스토이 바이블의 영향으로 다석 역시 문자로 쓰여진 성서 자체가 진리가 아니라 성서가 제소리로 터져 나올 때 그것이 진리인 것을 강조할 수 있었는데 이를 다석은 동양적 해석이라 여겼다. 김흥호는 스승의 '제소리'를 'Understand'의 차원이 아닌 'Overstand', 즉 문자에 사로잡히지 않고 문자를 넘어선 영적 해석학이라 말씀한 바 있다. 앞서 말한 유불선의 회통 내지 통섭의 자리인 것이다. 셋째로 일본 유학 시절 우치무라 간조가 주도한 무교회주의와의 관계 및 그 영향력을 언급하지 않을 수 없다. 일체 형식을 거부하며 종교개혁가인 루터의 대속적 기독교 정신세계에 깊이 빠져 있던 우치무라의 진리파지의 정신에 깊이 감동되었던 것이다. 형식을 거부하는 용기, 성서진리만을 생각하는 열정을 그로부터 배운 것이다. 하지만 다석은 후일 루터의 대속사상을 추종하는 우치무라와 결별했으며 그를 토대로 일본적 기독교를 추구하는 그의 정신세계를 추종할 수 없다고 선언했다. 다석에게는 대속(代贖)이 아닌 자속

난지도 보육원을 세운 2공수여단에 대한 감사비 앞에서 : 전병호, 유영모, 함석헌

(自贖), 자기 십자가를 지는 삶이 기독교 본질, 더욱 동양적 기독교에 합당한 것이라 여겨졌던 것이다. 이런 다석의 시각은 그보다 유학이 늦었던 제자 함석헌에게서도 그대로 재현되었다. 함석헌이 《'성서'로 본 조선 역사》를 《'뜻'으로 본 한국 역사》로 책명을 바꾼 것도 이런 맥락과 무관치 않다. 기독교를 성서로만이 아니라 유불선의 차원에서 달리 보겠다는 함석헌의 의지를 후자의 책 서문을 통해 접할 수 있다.

인도의 간디 역시 다석에게 깊은 공감을 불러일으킨 존재였다. 특별히 자신의 삶을 진리와의 투쟁이라 여기며—My Life is my Message—비폭력적 삶을 위해 헌신했던 간디의 삶의 방식을 다석 역시 실험했던 까닭이다. 그가 일식(一食)을 평생 실천했고 부인과 더불어 해혼(解婚)을 선포한 것도 간디적 삶에서 배운 것이다. 진리 파지, 즉 마음공부를 위해 몸공부(修身)가 언제든 앞서야 한다는 것이 동양의 기본 정신이기도 했던 탓이다. 끝으로 가족사 이야기 역시 다석 사상 배경을 이해함에 있어 대단히 중요하다. 본래 다석에겐 10여 명의 형제들이 있었으나 청년 시절까지 살아남은 형제는 자신과 바로 밑의 동생 영묵뿐이었다. 하지만 그마저 사별한 직후 다석은 어린 시절 누구나 읽었던 유교경전보다 노장사상에 심취했고 그것이 이후 다석을 더욱 철저하게 동양정신세계로 이끌었던 동력이라 박영호는 보고 있다.

3. 다석 생애의 특징과 그의 삶의 영향 사

앞서 보았듯 다석은 자신이 이 땅에 온 목적을 '생각하기 위해서'라고 했다. 생각하는 것만이 자신이 할 일이라 수차례 언급했다. 물론 구기동 자택에서 벌을 쳤고 손수 농사를 짓곤 했으나 그것은 결코 생계 수단은 아니었다. 다행히도 싸전을 했던 부친의 부유함 덕택으로 그는 평생 먹고살기 위한 노동은 하지 않았다. 부친의 싸전은 독립자금을 중국으로 운반하는 거점으로 이용되기도 했다고 전언된다. 다석이 자신의 재산 상당부분을 후일 동광원에 기증한 것도 이런 가계적 배경 탓일 것이다. 무엇보다 중요한 것은 다석이 일식을 하고 해혼한 것 또한 오로지 생각하는 일에 몰두하기 위함이었다. '염재신재(念在神在)', 곧 생각이 있는 곳에 하느님이 있다는 것이 그의 확신이었던 것이다. 이는 데카르트의 독아론(獨我論) 철학과는 크게 다르다. 그는 언제든 '하는' 생각이 있다면 반드시 '나는' 생각이 있음을 믿었기 때문이다. 다석의 이런 생각은 나중에 그의 제자 함석헌에 의해 '생각하는 백성이라야 산다'는 말로 계승되어 갔다. 다석은 함석헌의 말로 알려진 '씨알'이란 개념을 최초로 사용한 분이다. 《대학》에 나오는 '친민(親民)'의 민(民)을 '씨알'이란 순 우리말로 풀어냈고 개개인 속에 하늘의 본성인 덕(속알)이 가득 차 있기에 그를 길러내는 것이 가장 중요함을 역설했다. 유불선이 이 땅에 들어온 것은 바로 이 일을 하기 위함이라고 했다. 삼재론에 근간을 두고 만들어진 한글 속에서 다석은 우리 민족을 하늘로 불러내는 뜻이 있다고 믿고 한글을 갖고 기독교적으로 사유하는 방식을 찾아내기도 했다. 즉 천지인(天地人)의 소통을 강조하는 삼재론에서 다석은 세상을 뚫고 하늘로 오르는 인간의 길, 곧 십자가를 발견한 것이다. 인간의 삶이란 세상을 뚫고 오르는 과정에서 한번 죽어야 '참'이 될 수 있다고 하면서 삶-잠-참(누에의 철학)의 길을 말하고 있다. 삶은 죽어야(잠) 진리(참)가 될 수 있다는 것이다. 이는 마치 누에가 뽕잎을 먹고 비단실을 뽑아내는 것과 비견할 수 있을 것이다. 다석은 함석헌 외에도 또 다른 제자 김교신을 많이 사랑했다. 우치무라 간조를 끝까지 지켰고 그의 무교회주의를 신봉했기에 자신과 사상적으로 다른 길을 걸었으나 다석은 그가 만든 〈성서조선〉을 격려했고 그의 집회에서 많은 말씀을 남기셨다. 그가 44살의 나이로 세상을 떠난 날부터 다석 자신의 살아있는 생애를 날 수로 헤아리기 시작한 것은 유명한 사건이다. 그때부터 일일일생주의(一日一生主義)가 다석의 삶을 지배한 것이다. 하루 속에서 일생(영원)을 보기 시작한 것이다. 삶이란 양이 아니라 질인 것을 강조하기 위함이다. 현재(鉉齋)란 호를 선생에게서 받은 김흥호 역시 다석의 직계제자로서 그의 유고(遺稿)인 《다석일지》를 풀어내어 오늘날 그의 사상을 연구할 수 있는 계기를 만들어 준 직계제자이다. 국보급 유학자로 한국학연구원장을 지낸 유승국 역시 살아생전 다석을 한국 최고의 성인으로 받들었으며 민중 신학자 안병무, 적십자 총재직을 수행한 서영훈 역시도 다석의 강의를 듣고 삶을 달리 만든 분들이다. 최근에는 마지막 직계제자 박영호, 가톨릭 신학자 정양모 등이 주축이 되어 다석학회가 만들어졌고 이곳에서는 다석이 남긴 주옥같은 그러나 난해한 개념들을 풀어 사전화하는 작업에 몰두하고 있다. 이외에도 박재순, 김흡영을 비롯하여 필자 역시도 다석 사상을 기독교 안팎의 대중들에게 널리 소개하고자 힘쓰고 있는 중이다. 한마디로 다석 사상은 우리에게 '길을 가다 길이 될 것'을 주문한다. 아무리 좋은 성서, 불경이라 할지라도 결국 그것은 자기 밖의 것인 바, 밖의 불에 의지하지 말고 자신 속의 빛으로 세상을 보고 세상을 살라는 것이다. 한마디로 제소리(獅子吼)를 내며 사는 인생이 되라는 것이다.

다석 유영모 사상의 종교(신학)적 철학적 가치

앞서 보듯이 다석은 비록 기독교 사상가로 알려져 있으나 이 범주에 한정된 인물은 결코 아니다. 한때 기독교에 심취하여 주일이면 세 번씩 예배에 참석할 정도로 열심이었고 남강 이승훈을 기독교 신앙에 입문시킬 정도였으나 이후 그는 자신의 정통적 신앙양식을 버리고 말았다. 톨스토이의 비정통적 신앙양식과 우치무라와의 사상적 결별이 주된 이유였을 것이다. 하지만 그로부터 38년이 지난 시점에서 그는 다시금 자신의 오도송(悟道頌)인 "믿음에 들어간 이의 노래"를 고백하며 "하나도 아니고 둘도 아닌" 불이(不二)적 하느님에게 귀의하게 되었다. 지난 시절 자신의 믿음양식을 연못가에서 물이 움직이기만을 38년간 기다

렸던 수동적 앉은뱅이 상태로 고백할 정도로 이후 믿음의 양식이 전혀 달라진 것이다. 다석은 "주가 자신을 차지했고 다 가져서 내 것이라 주장할 것이 하나도 남지 않았다"고 노래했다. 하느님과 자신이 이제 결코 둘이 아닌 상태가 되었다는 고백인 것이다. 이 경험으로 다석은 더욱 철저하게 비정통적(비대상적)인 방식으로 기독교 신앙을 고백하며 자신의 종교적, 철학적 신앙체계를 수립하기 시작했다. 물론 그는 자신을 철학자로 내세운 바 없으나 난해한 그의 글을 읽는 중에 심오한 논리를 발견할 수 있을 것이며 그 속에서 자생적인 아시아 신학자의 면모를 체감할 수 있을 것이다.

1. 없이 계신 이 – 신에 대한 동양적 이해

다석은 기독교가 말하는 '있음'으로서의 유신론적 표상을 버리고 신을 '없이 있는 이'라 하였다. 본래 '없이 있다'는 것은 상호 모순되는 진술로서 서양 논리로는 결코 이해될 수 없는 말이다. 하지만 불교나 유교 등에서는 이미 오래전부터 '진공묘유(眞空妙有)' 혹은 '태극이무극(太極而無極)'이란 말로서 대극적 일치의 방식으로서 궁극적 실재를 표현해 왔다. 진짜 있음은 진실로 없는 것이라는 말은 서양에서도 종종 엑카르트(M. Eckart)와 같은 신비주의자(부정신학자)들이 사용했었다. 앞서 본 대로 빛의 표상과 의식을 갖고서는 '있음'만 알 뿐 '없음'의 영역을 포착할 수 없다는 것이다. 하지만 다석은 '없이 있는' 이런 존재를 단순히 유교나 불교(空 내지 絶對無)로부터 차용했던 것은 아니다. 바로 이 점이 다석의 독창적인 것인 바, 오히려 그는 한국 고대 경전인 《천부경》에 나타난 삼재사상에서 그 근거를 찾았다. 다석이 뭇 경전 가운데 순수 한글로 풀어낸 것은《천부경》과《도덕경》이 전부일 만큼 천부경은 그에게 소중한 자료였다. 주지하듯 삼재론은 시베리아 샤머니즘 토양에서 생성된 수렵문화의 산물로서 농경 문화권을 배경하여 생성된 중국 음양(陰陽)론과 변별된 한국 고유한 사상체계다. 동물의 몸을 먹고사는 수렵문화권에서는 가시적 형태로 확인될 수는 없으나 죽은 동물들 영혼에 깊이 관심을 가졌다. 살아 움직이던 동물이 자신의 몸을 바치기는 했으나 그를 움직였던 영혼마저 실종되는 것은 아니라 믿었던 것이다. 그 까닭에 없는(보이지 않는) 세계가 결코 없는 것이 아님을 감(感)하여 지(知)하는 정서가 수렵 문화권에서 발달할 수 있었다. 이렇듯 없으나 존재하는 세계를《천부경》에서는 하늘이라 했고 항차 하늘 신앙을 발전시켰으며 이런 하늘이 인간 속에 내주하고 있다는 '인중천지일(人中天地一)' 이론을 기초할 수 있었다. 결국 다석은 유·불교는 물론 기독교 역시 삼재론에 터한 '없이 있음' 의 근거하에 한국에서 전개되어야 한다고 확신했다. 그리고 그것이 인간 속에 내주하고 있다고 믿었으며 그것이 바로 동학에서 말하는 시천주 사상으로 표현되었다고 생각한다.

2. 인간의 밑둥(바탈)으로서의 신

주지하듯 유불선 모두 공히 인간 속에서 신적인 것을 찾는 종교들이다. 인간 속에 불성(佛性)이 있다는 불교나 천명지위성(天命之謂性)을 말하는 유교 역시 이 점에서 다르지 않다. 인내천 사상으로까지 발전된 동학의 경우도 마찬가지일 것이다. 다석 역시 '없이 있는 이' 의 존재 처를

의당 인간의 '밑둥(바탈)'에서 찾았다. 인간의 밑둥 곧 본성(本然之性)을 신적인 것과 같은 것으로 생각한 것이다. 이런 사상을 다석은 삼재론에서 연유된 것으로 보았다. 그것이 유·불교와 동학의 인간이해를 강화시킨 요인이라는 것이다. 여하튼 인간의 '밑둥'이야말로 '없이 있는 이'의 인식근거라는 것이 다석의 생각이었다. 그러나 그는 동시에 바탈을 '받할'의 차원에서 읽었다. '받할'이란 위로부터 받아서 할 것이 있다는 행위로서 하늘이 부여한 사명감과 무관할 수 없다. 따라서 인간의 밑둥, 곧 바탈이란 존재와 행위의 양면성을 지닌다고 말할 수 있다. 이 점에서 다석은 불교의 공(空, 존재)과 유교적 행위(孝)를 모두 적절하게 활용했다고 볼 수 있다. 이처럼 바탈을 지닌 한에서 인간은 누구나 석가든, 예수이든지 간에 존재론적으로 차이가 없다고 다석은 보았다. 누구라도 '얼'의 차원에서는 예수와 같은 존재이자 석가와도 본질상 같다는 것을 주장했으며 다석은 이를 기독교적으로 성령의 실재(Reality)라고 생각했다. 따라서 인간이라면 누구라도 외적인 불을 끄고 자신의 내면의 빛으로 거룩한 존재가 될 수 있다는 것이 다석의 지론이었다. 이처럼 존재론과 수행론을 결부시킴으로써 다석은 대상적 믿음, 곧 대속론(代贖論)에 의존한 정통 기독교로부터 탈주할 수 있었다.

3. '제 뜻 버려 하늘 뜻 구한 존재들' – 이 땅의 성인들

하지만 이상과 같은 존재론적 가능에도 불구하고 실제로 인간은 실제로 탐진치(貪嗔痴)로 인해 자신 속의 바탈을 온전히 구현하기 어려운 것이 사실이다. 그럴수록 다석은 백사천난(白死千難)의 수행을 종교의 본질이라 여길 수밖에 없었다. 유교가 솔성지위도(率性之謂道)를 말하고 불교가 성불(成佛)을 위해 고행을 중시하고 기독교가 십자가의 길을 제시하고 있는 것도 이런 이유였던 것이다. 인습적 기독교가 십자가에서 '대속' 을 보았고 역사적 예수이론가들이 '하느님 나라의 열정' 을 적시코자 했다면 다석에게 십자가는 한마디로 '몸을 줄이고 마음을 늘리는 것' 이었다. 바로 그것이 여타 아시아종교들과 회통할 수 있는 동양적 기독교의 힘이라고 생각했던 것이다. 이 점에서 다석은 유불선 종교들 모두 하늘로부터 계시 받을 것은 다 받은 종교들이라 인정했다. 하지만 다석은 제도적 교회, 대속만을 강요하는 서구적 기독교와는 결별했으되 예수가 자신의 유일한 스승임을 부정하지 않았다. 그것 역시도 실상 인습적 교회가 강요하는 소위 구속주 즉 대속 신앙과는 거리가 많은 생각이다. 왜냐면 다석은 예수의 십자가를 자신 역시 좇아 가야 할 길로 생각했기 때문이다. 젊은 나이에 예수가 하늘 뜻 따라 십자가를 졌듯이 다석 역시도 제 뜻 버려 하늘 뜻 좇고자 대단하게 했던 것이다. 스스로 익은 열매가 되어 자신 역시도 제단에 자신을 바칠 수 있었던 것이다. 물론 그는 '오직 예수만!' 의 구원을 외치는 기독교 사상가가 아닌 것은 분명하다. 그러나 저마다 종교는 다르겠으나 자신의 방식대로 '몸 줄여 맘 늘리는' 길을 갈 수 있다면, 그것은 십자가의 길에서 멀지 않다는 것이 그의 생각이다. 단지 다석은 그 길을 예수의 방식대로 가고자 했을 뿐이다. 여기서 우리는 대속(代贖)만 가르치는 기독교에 대한 다석의 저항을 느낄 수 있다. 다석 역시도 일상에서 인간의 삶이 대속 없이는 유지될 수 없음을 인정한다. 굳이 불교의 연기(緣起)론을 말하지 않더라도 남의 생명을 취해야 살 수 있고 남의 수고 덕분으로 사는 것이 일상인 까닭이다. 오히려 그는 대속을 기독교만의 전유가 아니라 일상의 양식임을 천명한 것이다. 반면 십자가는 이런 인과성을 끊고 자신을 하늘에 제물로 바치는 행위로서 자기 자신의 희생을 요구하고 있다. 지금껏 남의 생명을 취해 살았다면 이제는 자기 생명을 바치라는 것이 바로 십자가가 요구하는 바라 생각한 것이다. '제 뜻을 버려 하늘 뜻' 구했기에 예수가 그리스도 되었듯이 우리도 항차 그리 살고 그리 되기를 바라는 것이다. 그것이 인간이 사는 이유이고 '실성(失性)' 치 않을 수 있는 길이며 '참'이 될 수 있는 누에의 존재 양식이다. 이 점에서 다석은 누차 우리가 오히려 예수보다 더 큰 일을 할 수 있는 존재인 것을 강조했다. 예수 역시 완전고(完全稿)가 아니라 미정고(未定稿, Never-ending Story)란 것이다.

4. 다석에 의해 재해석된 십자가(고행) – '일좌식 일언인'

처음부터 동양(비정통)적 기독교의 길을 가고자 했던 다석은 서구 기독교를 '일좌식 일언인(一座食一言仁)'의 맥락하에서 대속적인 방식이 아닌 수행적 기독교로 재탄생시켰다. 더욱 구체적으로는 십자가에 대한 동양적 해석인 셈이다. 이로써 다석은 수행자의 역할이 간과된 서구 기독교(특히 개신교)에게 새로운 방향성(동양적 에토스)을 부여한 것이다. 이런 논의는 그의 제자 김흥호에 의해서 강조되었는데 오늘날 상당한 교육적, 생태학적 그리고 영성적 의미를 함유하고 있다. 남의 생명을 취하는 길이 아닌 자기 생명을 바치는 길로서 십자가를 이해하고 고행(苦行)을 말하는 까닭에 이런 가르침은 대속과 은총에 익숙한 목하 기독교인들에게 수용되기 쉽지 않다. 중세 면죄부보다 더 타락한 것이 개신교 은총사상이란 말이 있을 정도로 은총이 수행과 대립되는 상황에서 다석 사상은 곧잘 불편한 진실이 될 개연성이 크다. 달리 말하면 자본주의적 욕망(안정성)과 종교성이 양면처럼 이해되는 현실에서 다석의 제안은 참으로 '래디칼(근본적)' 한 까닭이다. 이것은 예수 믿기를 넘어 예수 살기로의 시도이자 행한 것만큼만 아는 것이라는 지행합일(知行合一)의 정신세계이기도 할 것이다. 그렇다면 '일좌식 일언인' 이 어찌 십자가의 길이 되는 것이며 그 뜻이 무엇일까?

구기동 자택 주변을 산책하는 유영모(1970년도, 80세)

1) 일식

우리는 일상적으로 하루 세끼를 먹는다. 이는 남의 생명을 먹고 사는 일이다. A. 슈바이처의 말대로 살려고 하는 생명의 의지를 꺾고 자기 생명을 유지하는 길인 것이다. 하지만 하루 한 끼를 먹는 일, 일식(一食)은 자기 생명을 바치는 일이 된다. 나머지 두 끼만큼 자기 몸의 축적분을 사용하는 까닭이다. 이는 결국 몸을 줄여 마음을 크게 하는 일로 귀결될 것이다. 여기에는 그리스도의 피로 구속된다는 타자(대상)의존적 대속

사상이 자리할 여지가 없다. 예수 자신이 그랬듯 오히려 자기 자신을 제물로 바치는 행위가 요구될 뿐이다. 다석은 삶의 마지막 순간까지 일식을 유지하였다. 함석헌은 물론 김흥호 역시 평생 일식을 실천하며 살고자 했다. 물론 실패한 경험이 반복되었으나 삶의 지향성은 분명했다. 김흥호는 나이 80을 훌쩍 넘긴 시점까지 그리 살았다. 최근에는 일본인 의사의 책《일일 일식》(一日 一食)이 베스트셀러가 되고 있다. 이것이 건강에도 유익한 것이 실증된 셈이다. 다석이 '몸성이'를 '마음놓이'를 위한 필수적 요건으로 보았고 '마음놓이'가 이뤄질 때 비로소 바탈이 불살라질 수 있다(바탈태우)고 본 것도 같은 맥락일 것이다. 그러나 마지막 장에서 재론할 터 일식의 의미를 문자적으로 협소화시킬 필요는 없다. 필자는 이를 문명 비판적, 생태 교육적 시각에서 재론할 수 있다고 생각한다.

2) 일좌

여기서 일좌(一座)란 명상, 생각하기 등으로 이해하면 좋겠다. 다석은 언제든 새벽 4시면 일어나서 냉수욕하고 가부좌한 채로 몇 시간 동안 사색에 잠겼다. 생각하러 온 사람답게 먹는 것 잊고 형이상학적 사유에 골몰 했다. 인간이 성욕을 갖는 것은 다른 성(性)이 있는 증거이듯 인간에게 형이상학적 욕망이 생기(生起)하는 것 역시 하느님이 계시다는 증거라고 이해했던 것이다. 생각하는 백성이 되어야 이 민족에게 희망이 있음을 천명하였던 것이다. 따라서 혹자는 적어도 하루에 향 하나 탈 시간 동안 깊이 사색할 것을 요구한 바 있었다. 자기 소리만 내며(Invocation) 살던 사람이 자기 말을 끊고 명상(Meditation)을 넘어 관상(Contemplation)에 이르면 비로소 우리는 자기 소리를 그치고 하늘의 소리를 하늘의 소리로, 자연의 소리를 자연의 소리로 들을 수 있는 힘이 생겨나는 까닭이다. 남의 소리를 남의 소리로 들을 수 있을 때 비로소 세상과 하나 될 수 있는 길이 열릴 수 있다는 것이 생각하는 힘이 지닌 신비다. 다석이 말하는 형이상학적 욕망은 결국 세상을 구하는 길이다. 사람을 비롯한 피조물들의 온갖 고통과 하나 될 수 있는 힘을 얻기 때문이다. 하느님과 자신의 밑둥(바탈)이 하나라는 생각에 이르면 세상의 고통이 자신의 고통으로 느껴질 수밖에 없을 것이다.

3) 일언

다석은 일언(一言)을 통해 부부간의 해혼을 생각했다. 인간이 이 땅에 온 목적은 동물의 그것과 다르다고 생각한 탓이다. 자식을 낳고 삶이 어느 정도 정리되면 사람은 더 이상 남녀 관계에 마음을 빼앗겨서는 아니 된다는 뜻이다. 이 점에서 다석은 늘 '맛'을 좇지 말고 '뜻'을 좇아야 할 것을 강조했다. 색(色)을 멀리하지 못한다면 인간은 자신의 본성(천명)을 잃는 실성(失性)한 존재가 될 수 있다고 경고했던 것이다. 하여 다석은 색을 비롯한 일체의 물(物)과 거리를 두도록 '견물불가생(見物不可生)' 즉 물질을 보고 마음을 빼앗기지 말 것을 주문했다. 대한민국이 OECD 국가 중에서 욕망지수가 가장 높은 나라로 평가된 것은 수치가 아닐 수 없다. 기독교를 비롯해 축의 시대 종교들이 살아 움직이는 현실임에도 욕망 지수가 높다는 것은 종교의 무용성을 드러낼 뿐이다. 포르노 영상물이 가장 범람하며 짝퉁 제품이 활개를 치고 성형수술로 자신의 실상을 감추는 으뜸가는 나라라는 사실은 종교 강국의 이미지를 대단히 실추시킨다. 아마도 이를 단호하게 지키라는 차원에서 다석은 이를 일언이라 말한 것이라 생각된다.

4) 일인

필자가 알기로 일인(一仁)은 다석 선생이 어느 곳을 가든 항시 걸어갔다는 사실을 각인시킨다. 인천은 물론 개성까지도 걸어서 다녀왔다는 기록이 있을 정도다. 종일 단식하고도 북한산을 청년처럼 올라갔다는 말씀도 김흥호에게 들었다. 함석헌, 김흥호 등 제자들 역시도 한때 새벽 4시 오류동을 떠나 구기동 선생님 댁에 말씀 듣고자 걸어갔다는 말도 회자된다. 또한 매일 아침 다석은 냉수마찰을 거르지 않았고 자신의 기체(氣體, 단전)를 종종 제자들에게 만져보라고도 했었다. 이는 결국 자신의 몸에 대한 관심과 사랑을 뜻한다고 보면 좋을 것이다. 혹자는 다석을 인간의 얼, 정신적인 것에만 관심했던 육체혐오(영지주의)적 사상가로 평가하나 실상 다석은 몸 건강 없이 마음도 정신도 온전할 수 없음을 강조했다. 다석 사상의 진수는 오로지 '몸 성히, 마음 놓이 그리고 바탈 태우'의 세 단계를 통해 나타난다. 거듭 말하지만 몸이 건강해야 마음을 놓을 수 있고 마음이 편안해야 하늘이 주신 바탈(밑동)을 불사를 수 있다는 것이다. 사람이란 하늘 주신 '바탈'을 사랐기(사름)에 사람일 수 있는 것이며 그때 사람이 비로소 사람으로 온전해질 수 있는 것이다. 일인이란 한마디로 자신의 몸 사랑에 기초하여 자신의 바탈을 불사르는 전 과정이라 말할 수 있을 것이다.

1. 인간에 대한 존재론적 각성

다석 사상의 핵심은 인간을 성인, 군자와 본질적으로 차이가 없는 선한(얼) 존재로 보는 데 있다. 기독교 서구에서 전개된 종교다원주의 사조가 예수, 석가, 공자 등 특별난 존재에 초점을 두고 그들 간의 무차별적 가치 다원성을 강조했다면 다석의 공헌은 오히려 이런 위대한 존재들(Massgender Mensch)과 일반 인간들 간에 본래적 차이가 없음을 강조한 데 있다. 누구나가 하늘이 품수한 본성, 바탈을 지녔기에 존재론적으로 다를 수 없다는 것이다. 인간이해에 있어 이런 급진적 보편화는 동양정신의 산물로서 자기 긍정의 원리를 제시하며 동시에 자기 책임을 무한 강조할 수밖에 없다. 보았듯이 '**없이 계신** 이'의 인식 근거가 인간의 '바탈(밑둥)'인 한에서 인간 역시도 없이 있어야 할 존재인 바, 실제로 여전히 '덜' 없는 존재로 살고 있기에 인간은 더욱 철저하게 소유 지향성으로부터 존재 지향적으로 매순간 전환을 요구받고 있는 것이다. 인류의 미래를 위해 필요한 것이 바로 존재 지향적 인간상인 바 이를 더욱 철저하게 이룰 수 있는 토대가 다석 사상 속에 있는 것이다. 다석이 서구 종교성의 본질이라 여긴 '거룩'을 '깨끗' – **깨**어져서 **끝**이 나는 것–으로 이해한 것은 바로 소유로부터의 철저한 전회를 상상할 수 있는 부분이다. 그렇기에 인간은 누구나 하늘로부터 받은 것을 누구나 가지고 있다는 바탈(받할) 사상은 서구의 독아적(獨我的) 주체성을 넘어 상호 연관된 관계적 주체성을 말할 수 있는 적실한 토대가 될 수 있다.

2. 인간 존재의 생태학적 각성

다석은 그러나 인간을 존재론적 측면에서만 보지 않았다. 뜻이나 얼만을 중시하는 인간관을 갖지 않았다는 것이다. 수차례 언급했듯 인간 몸의 중요성을 어느 철학자보다 강조했고 몸적 바탕하에서만 인간의 정신 및 영혼의 세계도 열릴 수 있다고 생각한 것이다. 몸과 혼 그리고 정신과 영혼의 관계를 다석은 '몸 성히', '마음 놓이', '바탈 태우'란 말로써 설명했던 것이다. 이와 연속선상에서 다석은 진물성(盡物性)이란 말을 자주 사용했다. 이는 신유학의 인식론인 격물치지(格物致知)를 다석이 재(再)개념화한 것으로서 사물의 본성을 꿰뚫어 그와 홀연히 하나 되는 방식을 일컫고 있다. 예컨대 인간이 닭을 온전히 안다면 그처럼 새벽을 깨우는 부지런한 존재가 되어야 한다는 것이다. 인간의 본성이 동물의 그것과 다른 이유도 바로 여기에 있다. 결국 다석이 일식과 단색(斷色)을 무엇보다 강조한 것도 결국 몸에 대한 관심 때문이며 그를 통해 정신의 세계로 나가고자 했던 것으로 일체 존재들과 하나 되기 위함이었다. 일식과 단색은 한마디로 몸을 망치는 탐진치를 극복하여 진물성(盡物性) 하려는 데 있었다고 하겠다. 이는 현대적 감각으로 말하면 인간을 생태적 자아로서 거듭나게 하는 방편이었던 것이다. 인류의 미래를 위해 생태적 자아로의 각성이 필요한 시대가 되었다.

3. 행한 것만큼만 아는(믿은) 것이다 – 지행합일의 삶

다석은 위인지학(爲人之學)으로 타락한 주지주의(主知主義)적 교육을 배격했고 씨알이 지닌 역동적 생명력에 대해 크나큰 신뢰를 보냈다. 양지(良志)에 대한 확신을 깨쳤던 옛적의 양명처럼 그렇게 다석은 무지렁이 씨알이라도 그의 본바탕에 근거할 때 하늘의 뜻을 누구보다 실현시킬 수 있다고 믿었던 것이다. 이 경우 인간은 위기지학(爲己之學)을 위해 존재할 뿐이다. 예수 역시도 백사천난한 십자가의 길을 통해서 그리스도가 된 것이기에 누구라도 노력 끝에 성인이 될 수 있다고 본 것이다. 이 경우 성인이란 자신의 몸을 줄여 마음을 크게 한 존재라 할 수 있겠다. 종교란 본래 길을 가다 길이 되는 차원에서 성립되는 것이지 객관적 사실에 대한 지적 승인이나 학습으로 대신할 수 없다는 것이 다석의 지론이었던 것이다. 그가 16세에 받았던 세례를 스스로 무효화하고 '믿음에 들어간 이의 노래'라는 오도송을 새롭게 지은 것도 바로 이런 이유에서였다. 밖의 불을 끄고 자신의 빛을 따라 살라는 것이 그의 종교이자 가르침이었다. 성서나 불경의 말씀이 아무리 좋은들 그것을 그대로 반복하는 것은 평생 남의 소리를 하며 인생을 사는 것이라 했고 그 경우 대다수 'Should be complex'에 빠질 수밖에 없다고 보았다. 자신이 감당할 수 없는 말을 내뱉고 사는 종교인일수록 많이 걸리는 정신병의 일종인 것이다. 그럴수록 누에가 보여주듯 제소리

삶으로 성서를 살고자 했던 엄두섭, 유영모 그리고 정인세(광주YMCA 총무) (왼쪽부터)

를 갖고 사는 것의 중요성을 강조했다. 뽕잎을 먹고 누에가 실을 내듯 경전을 읽고 자기 소리를 내야 한다는 것이다. 이 경우 제소리는 지행합일의 차원을 지닐 수밖에 없다. 생각하는 백성이라야 산다는 말도 이런 맥락에서 이해될 부분이다. 다석이 삼재론에 입각하여 한글의 의미를 설명할 때 활용했던 '물-불-풀'의 변화 과정은 생각이 행위로 바뀌고 경전이 제소리가 되는 과정을 적시한다고 볼 수 있다. 끊임없이 묻고(생각하고) 자신 속에서 불려서 궁극적으로 풀어내는 과정을 중시한 것이다.

4. 문명 비판적(생태적) 시각에서 본 다석 사상

다석 사상의 종교적 가치는 무엇보다 문명 비판적(생태학적) 시각에서 찾을 수 있을 것이다. 앞서 일식에 대해 언급했듯이 자신의 몸을 바쳐 산제사를 드리는 일식은 인간 몸속에 달라붙은 탐진치라는 훈습(薰習)을 벗길 수 있는 강력한 힘이 틀림없다. 하지만 그 일식의 의미를 광의, 곧 문명비판적인 생태적 시각에서 재해석할 때 그 효력과 영향력이 배가 될 수 있을 법하다. 신자유주의가 판치는 현실에서, 대량소비, 대량생산 양식이 지배하는 후기 자본주의 체제 속에서 일식은 그와 맞서는 단순성(Simplicity)의 원리를 제공하는 까닭이다. 최근 환경학자들은 평등이 실종되고 자유 하나만 활개 치는 신자유주의 체제 속에서 그와 맞설 수 있는 최적의 가치로서 단순성을 거론하기 시작했다. 최소한의 물질로 사는 단순 소박한 삶을 인류가 선택할 때 세상이 달라질 수 있다는 것이다. 기후변화를 돌이킬 수 없는 기후붕괴의 시대를 살게 된 현실에서 더 이상 과잉 생산과 소비에 의존된 경제체제를 유지하는 것의 불가함을 경고하고 있다. 이미 오래전 러시아 사상가 베르자이에프가 최소한의 물질로 살려 할 때 최소한 것은 더 이상 물질로서가 아니라 정신으로 역할한다고 했을 때 일식은 바로 '제 몸 줄여 마음 키우는' 정신적 행위로서 세상을 구하는 십자가인 것을 새삼 각인시키고 있다. 인류에게 미래가 있다면, 그것은 단순한 삶의 양식에서 비롯할 것인 바, 다석이 말했던 '견물불가생'과 '진물성'에서 그 확실한 의미근거를 찾을 수 있을 것으로 확신한다.

제9장

함흥YMCA 운동의 산증인 이순기

김권정 교수
(대한민국역사박물관)

이순기 1890~1948

함흥YMCA 운동의 산증인
이순기

들어가는 말

한국 땅에서 YMCA가 공식적으로 출발한 것은 1900년대 초의 일이다. 대한제국의 수도 한성에서 '황성기독교청년회' 라는 이름으로 창설되었다. 이것이 오늘의 서울기독교청년회이고, 1914년 개성에서 '조선기독교청년회 연합회' 를 조직함으로써 전국적인 청년운동으로 발전하게 되었다. 그리하여 YMCA는 한국 역사상 최초의 청년 단체가 되었고, 기독교적 국제기구가 되었다.

이후 YMCA는 근대문물의 수용과정에서 한국사회의 개혁을 갈망하는 청년들에게 새로운 활력소를 제공하였다. 일제 침략이 본격화되었을 때는 국권회복의 중심적 역할을 담당하였다. 일제 강점기에는 체념과 좌절을 넘어 민족공동체를 일으켜 세울 새로운 이념과 방향을 모색하던 수많은 청년들의 거점이 되었다. 특히 이 시기 전국에 창립된 지방YMCA를 통해 YMCA 운동이 더욱 확장되었고 이를 통해 YMCA가 비로소 근대 한국사회에 깊이 뿌리를 내리게 되었다. 이른 시기에 지방YMCA 창립과 성공적인 정착은 오늘 한국사회에 YMCA 운동을 발전하게 한 가장 큰 배경 중의 하나가 되었다.

이렇게 YMCA 운동의 흐름에서 지방YMCA가 갖는 의미는 결코 간단하지 않다. 그러나 이제까지 지방YMCA의 역사는 YMCA 운동 연구에서 큰 관심을 받지 못했다. 활동과 함께 이를 주도한 인물들에 대한 평가에서도 중앙 중심으로 활동했던 인물들이 대부분이었다. 지방YMCA 운동과 주도 인물 등에 대한 연구는 앞으로 한국YMCA 운동의 정체성을 확인하고 새로운 방향을 설정하는 데 크게 기여할 수 있다는 점에서 중요하다.

지방YMCA 운동과 관련하여 빼놓을 수 없는 인물이 바로 이순기(1890~1948) 선생이다. 그동안 한국YMCA 역사에서 지방YMCA 운동의 대표적인 인물로 언급되면서도 중앙과 지방에서 활동한 그에 대한 구체적 정보가 부족한 실정이다. 그가 최초 지방YMCA인 함흥YMCA 창립에 중요한 역할을 담당했고, 이를 중심으로 민족·사회운동을 전개한 YMCA 운동의 산증인이었다는 점에서 그에 대한 주목은 의미가 있다. 이를 통해 YMCA가 수많은 청년들의 활동공간이 됨과 동시에 새로운 사상과 방향성이 공유되는 지역사회의 거점이 될 수 있도록 크게 기여하고 있었음을 확인할 수 있을 것이다.

기독교 신앙과 신학문 수용

이순기 선생은 1890년 9월 2일 함경남도 함주군 상조양면(上朝陽面) 상한리(上閒里)에서 이권신의 둘째 아들로 태어났다. 어린 시절, 사회적 관례에 따라 서당에서 한학(漢學)을 공부하고 예절을 배웠다. 그 뒤 그는 캐나다 장로교 선교부에서 미션 스쿨로 설립한 함흥 영생학교(永生學校)에 입학하여 신교육을 받는 동안 감동하여 예수를 믿게 되었다.

당시 함경도 지역은 미 북장로교 선교부를 뒤이어 1899년 내한한 캐나다 장로교 선교부가 선교활동을 담당하고 있었다. 황해도 장연군 대구면 송천리 소래교회에서 활동하다 1895년 열병으로 사망한 매켄지(W.J. McKenzie) 선교사의 죽음이 헛되지 않도록 한국선교를 결정한 캐나다 장로교 선교부는 함경도는 물론 만주 길림성에 있는 북간도 지방까지 선교구역을 설정하고 활동을 펼치고 있었다.

선교사와 한국인 전도자의 노력 속에서 함흥에 최초로 세워진 교회는 1896년 8월에 설립된 함흥중앙교회였다. 이 교회는 미 북장로회 선교부가 함흥에서 선교하고 있을 때 스왈론(W.L.Swallen) 선교사와 전군보·이기풍의 전도로 설립되었다. 처음 교인은 신창희·진기종·장홍술 등이었다. 처음에는 함흥 남문 밖에 교회가 있었으나 신창리에 2층 양옥 큰 예배당을 짓고 동문 안으로 옮겨 이후 '신창리교회'로 불리었다. 이 교회를 중심으로 함흥 영생학교, 영생여학교, 제혜병원 등 기독교 기관들이 설립되거나 운영되었다.

1910년대 중반 이순기의 부모는 그를 이 영생학교에 입학시키게 되었다. 이순기 가족은 서양 선교사들의 사는 모습을 보면서 그를 이 학교에 보낸 것에 대해 자부심과 긍지를 가졌다. 학교를 다니던 중 이순기는 함흥중앙교회에도 나가면서 성경을 배우기 시작하였다. 즉 교회와 학교는 그에게 평생 살아갈 이념과 방향을 제공해주었다.

함흥 영생학교를 졸업한 그는 1910년부터는 함흥 영신학교 선생이 되었다. 그는 자라나는 청소년들에게 서양근대문화와 기독교 정신을 가르쳐야 한다는 강한 소명감 속에 학생들을 가르쳤다.

이때 그는 한일 강제 병합조약의 소식을 듣게 되었다. 너무도 분한 마음과 안타까움을 갖고 교회에서 기도하기 시작하였다. 그러던 중 그는 '그리스도 안에서 힘을 내라'는 하나님의 음성을 듣게 되었다. 이 자리에서 그는 기독교인으로서 나라를 다시 찾는 일에 힘써야겠다는 다짐을 하게 되었다. 이를 계기로 그의 신앙은 개인 신앙에서 공동체 신앙으로 확장되었고, 이는 한 번도 흔들리지 않는 그의 좌표가 되었다. 이어 1914년부터는 원산 루씨여학교에서 교편을 잡고 여성교육에 온 힘을 다하였다.

함흥YMCA의 창립 참여

이순기는 1918년 새로운 운동을 개척하였다. 국내 처음으로 지방에서 조직된 함흥YMCA 창립에 주도적으로 참여하였다. YMCA는 조선중앙기독교청년회(현 서울YMCA의 전신) 하나밖에 없었다. 함흥기독교청년회를 창설함으로써 지방YMCA의 개척자가 되었다. 이것이 곧 최초의 지방YMCA였기 때문이다.

당시 지방청년회는 재일본한국YMCA만이 존재하였는데, 유학생 중심의 청년회였기 때문에 완전한 지방청년회라고 할 수 없었다. 국내에는 서울과 지방에 위치한 미션학교 안에 설립된 학생YMCA 등이 대부분이었다.

제1차 세계대전이 끝나갈 무렵, 국내에도 변화하는 국제질서에 대응하여 한국인들의 자생적이고 독립적인 단체와 활동이 요구되었다. YMCA 운동에서도 자연스럽게 운동의 확산과 활성화가 논의되기 시작하였다. 이를 위해서는 지방 도시에 청년회가 조직되어야 한다는 필요성이 강력하게 제기되었다. 이것은 YMCA 운동의 활성화라는 이유뿐 아니라 한국 기독청년들의 활동이 확장된다는 것을 의미하기 때문에 중요하다. 또한 일제 강점기에 한국인들의 자율적이고 독립적인 공간이 전국으로 확대된다는 의미도 있었다. 이런 차원에서 제일 먼저 조직된 것이 바로 함흥YMCA였다.

그러나 당시 지방청년회의 조직은 대단히 힘들고 어려운 문제였다. 먼저 함흥은 관북지방의 중심지라고 할 수 있으나, 관서지방의 평양(平壤)이나 선천(宣川)에 비해 기독교 신자와 교회의 수가 적은 곳이었다. 또 강점 이후 일제가 헌병경찰을 앞세우며 한국인들을 물리적 힘으로 통제하는 '무단통치(武斷統治)'라는 극단적 식민지배정책을 취하는 상황에서 민족의식을 고취하는 단체는 물론이고 심지어 적극적으로 일제의 강점을 도왔던 일진회(一進會)라는 친일단체마저 해산당할 정도였다.

그럼에도 불구하고 함흥에 제일 먼저 청년회가 조직될 수 있었던 것은 다음과 같은 이유에서였다.

먼저, 영신소학교 교장으로 영생중학교 등 기독교 학교의 학생운동을 지원한 김창제(金昶濟)라는 인물의 지도적 역할이 컸다. 그는 관립 한성사범학교 학생 시절인 1903년, 황성기독교청년회 창립에 참여한 인물이었다. 누구보다 YMCA 운동을 잘 알고 있는 인물이었다. 또 영생학교 출신인 이순기와 영생학교 학생으로 학생YMCA 회장 현원국(玄垣國) 등이 있었다. 여기에 맥레이(D.C. McRae), 영(L.L. Young) 등 YMCA 운동을 누구보다 잘 이해하고 있던 캐나다 선교사들이 있었기 때문에 가능했던 일이다. 이 가운데에서도 이순기는 창설 준비위원으로 함흥 지역 선교사들과 학생들, 그리고 청년들을 '기독교청년회'라는 공간으로 묶어내는 결정적 역할을 담당하였다.

함흥YMCA는 1918년 3월 25일 신창리교회에서 창립되었는데, 그 초대회장은 맥레이 선교사였다. 이는 마치 1903년 서울에 황성기독교청년회가 창설될 때 그 초대회장이 게일(J.S. Gale)이라는 캐나다 선교사였던 것과 비슷하다. 이것은 일제의 무단정치하에서 압력을 막기 위한 수단에 불과한 것이었다.

함흥YMCA가 창립될 때 이순기는 기록이사였다. 그러나 곧 총무에 임명되어 1943년 함흥YMCA가 일제에 의하여 완전 폐쇄될 때까지 무려 35년간 총무직에 있었다. 재직 동안 그는 함흥YMCA를 토대로 지역사회가 요구하는 사회계몽 활동과 경제운동, 그리고 민족운동을 힘입게 전개하였다.

3·1운동과 신간회 운동

1919년 2월 26일, 평양 숭실학교 교사 강봉우(姜鳳羽)가 함경도와 간도지방을 순회하는 길에 먼저 함흥에 들렀다. 그는 신창리교회에서 함흥지역 기독교 지도자들에게 제1차 세계대전 이후 국제정세의 동향과 세계 속의 한국 처지를 상세하게 설명하였다. 곧 전국적으로 일제에 대한 만세시위운동이 준비될 것임을 비밀리에 강연하였다. 이를 직접 들은 사람들을 중심으로 즉시 이에 대한 준비를 논의하기 시작하였다. 때마침 원산 광석동교회 장로 이순영(李順榮)이 자전거로 함흥에 도착하여 원산에서 1일에 만세시위가 있을 것을 알리고 함께 궐기할 것을 촉구하였다.

이 자리에 있었던 이순기는 교회 간부 및 기독교청년회 이사들과 함께 궐기에 대해 토의하였다. 논의 끝에 그는 한영호(韓泳鎬)·이근재(李根栽)·이영화(李榮華) 등과 함께 집행위원으로 선출되어 구체적인 계획과 준비를 담당하였다. 그는 비밀이 새나갈까 철저하게 보안 조치를 취하는 등 세심히 준비하였다. 함흥YMCA 임원 및 회원들과 신양리교회 교인들은 물론 함흥 영생학교와 영생여학교 학생, 학교동문회 등이 참여를 준비하였다. 그리하여 거사일을 3월 3일로 결정하고, 투옥자의 생활비·변호인·태극기·선언서 등을 사전에 준비하게 되었다.

그런데 3월 2일 서울의 거사 소식을 듣고 함흥 지역에서 시민의 자발적 시위가 터져 나오게 되자, 이에 놀란 경찰이 3일 새벽 함흥 전 시내에 대규모 예비검속을 실시하였다. 이 검속으로 시위 주도자였던 이순기를 비롯하여 대부분이 체포되었다. 체포되어 억울함을 참지 못하고 계속 대한독립만세를 불렀던 조영신이라는 인물은 일본 경찰이 휘두른 칼에 입이 찢어지고 말았다. 이 소식을 들은 함흥 지역의 3·1운동은 격렬하게 시위가 전개되었다.

불의의 사전예비검속으로 체포된 이순기는 주모자로 찍혀 1년 6개월 형을 받고 함흥형무소와 서대문형무소에서 수감생활을 하게 되었다. 그의 애국심과 민족신앙에 따르는 필연적 결과였다.

옥고를 마치고 출소한 이순기의 신앙에 기초한 확고한 독립 의지는 그 어떤 힘도 멈추게 할 수 없었다. 그는 기독교청년회 총무의 자리를 그대로 유지하면서 1920년 창간된 〈동아일보〉 함흥지국장을 역임하여, 사회적 공공기관으로 언론이 제 역할을 다 할 수 있도록 최선을 다하였다. 또 함흥YMCA를 통해 사회의식의 각성, 실력 양성, 강연회와 토론회, 체육대회, 음악회 등을 개최하여 지역청년의 사회적 교양 수준을 향상시키는 데 기여하였다.

新幹會創立總會

신간회 창립 기사

또한 그는 1920년대 초부터 금주금연 물산장려운동에 적극 참여하였다. 함흥YMCA에서는 회원 1천여 명이 무명 두루마기를 입고 함흥 시내를 가두행진하며 일화배척과 국산품 애용을 주장하다 체포되어 일시적으로 옥살이를 하기도 하였다.

한편, 이순기는 1927년 2월 창립된 신간회(新幹會)에 중앙위원으로 참여하였다. 이 단체는 일제 강점기 국내 최대 민족단체로 민족문제를 놓고 이념의 차이를 넘어 하나의 민족단체를 건설하자는 논리에 비타협적 민족주의자와 사회주의자들의 협동으로 조직되었다.

여기서 주목되는 것은 이순기가 한영호와 함께 신간회 '함흥지회'를 결성하여 설립준비위원, 간사, 집행위원, 대의원 등을 번갈아 맡아 이를 끝까지 지켜냈다는 점이다. 신간회 결성 초기에 주로 중앙은 민족주의자들이 주도하나 지회의 경우는 사회주의자들이 상당수 주도하다가, 신간회가 후반으로 갈수록 지회 거의 대부분을 사회주의 세력이 장악하였다. 그러나 신간회 함흥지회만큼은 이순기와 같은 민족주의 세력이 끝까지 주도권을 놓치지 않았다. 이는 그만큼 이순기를 비롯한 민족주의 세력이 지역적 신망이 두텁고 지지 기반이 다른 지역에 비해 강했음을 의미한다.

이순기는 이 모든 운동을 YMCA라는 단체를 중심으로 하였다. 이상재·윤치호 등의 지도자들이 민족운동을 전개한 것처럼 이순기 총무도 역시 YMCA를 중심으로 하여 동지를 규합하였고, YMCA를 통해서 사회에 진출한 것이다. 일제 강점기에 국내에 지방YMCA가 없었다고 한다면 국내 민족운동 지도자들이 거의 발붙일 데가 없었을 것이다.

YMCA 주도적 활동과 농촌사업

1920년 9월 이순기는 3·1운동으로 투옥되었다가 석방된 직후, 조선기독교청년회 연합회 위원에 당선되었다. 이후 1920~30년대 그는 신홍우 총무와 함께 YMCA 운동을 주도하는 대표적 인물 가운데 한 사람이 되었다.

3·1운동 이후 한국사회에 사회주의가 수용되었고, 이를 수용한 이들은 자연스럽게 사회주의 사상의 하나로 무신론도 수용하였다. 이들을 중심으로 종교에 대한 비판이 일어났다. 1923년 조선청년당대회에서는 사회주의자들을 중심으로 반종교선언이 채택되었다. 1925년에는 서울에서 전조선 주일학교 대회가 개최되자, 이에 대한 비판을 목적으로 사회주의자들의 반기독교 운동이 일어났다.

이런 사회적 분위기는 한국교회에도 영향을 미쳤다. 한국교회에 대한 비판이 도를 넘어 물리적 공격으로까지 이어지고 있었으나, 한국교회가 이에 대응하는 데 한계를 보이고 있었다. 그러자 교회 내부에 청년층을 중심으로 동요가 일어나기 시작하였다.

당시 한국교회의 맨 앞에 위치한 YMCA는 이를 가볍게 넘기지 않았다. 이순기를 비롯한 핵심 인물들은 기독교가 자본주의 종교가 아니라 하나님 나라를 건설하는 종교임을 주장하며 자본주의적 모순에 대한 대안을 모색하기 시작하였다. 이 과정에서 한국인 인구 80% 이상이 농촌에 거주하는 사실에 주목하고, 이들 농촌의 상황이 피폐할 정도로 열악한 상황임을 분석하게 되었다. 복음의 사회화와 실용화를 전면에 내세우며 1925년 제1차 농촌사업을 실시하였다. YMCA에 농촌부가 신설되었는데, 이순기는 농촌부 위원으로 선출되었다. 이 활동에 함흥YMCA도 적극 참여했던 것은 말할 필요가 없다.

1925년 12월 28일부터 29일 사이에 서울에서 한국교회의 대표적 지도자들이 모여 '조선기독교대표자 협의회'가 개최되었다. 이순기는 이 자리에서 지명된 9명의 특별조사위원회에 임명되었다. 이 회의 중요성은 앞으로 한국교회가 나아갈 방향을 세계교회의 흐름 속에서 찾고자 참

농민들과 함께한 이순기, 홍병선

함흥지방의 농촌운동(1923) : 가운뎃줄 왼쪽부터 이상재, 이순기(함흥YMCA 총무)

석하려는 1928년 국제 예루살렘대회 한국대표를 뽑는 자리였다는 점에 있었다.

드디어 1928년 국제예루살렘대회에 한국대표가 참석했다가 돌아왔다. 이 대회에 참석한 한국대표들은 한국 농촌문제를 사례로 발표한 미국 사회학자 브루너의 보고를 듣고 충격을 받았다. 체계적인 방법론에 입각한 구체적 분석을 들었던 것이다. 기독교 복음에 대한 사회화와 사회 참여 문제가 이전에 비해 보다 구체적이면서도 실천적으로 취급되어야 한다는 책임감을 갖게 되었던 것이다. 이어 이들은 복음의 사회화와 실용화를 모색하던 한국교회의 노력이 헛되지 않았음도 발견할 수 있었다.

국제 예루살렘대회 이후 제2차 YMCA 농촌사업이 재개되었고, 더욱 심화 확장되었다. 1925년부터 YMCA 관북지방(關北地方)의 담당간사가 되었던 이순기는 1929년 캐나다 출신 농업전문가로 파송된 번스(H. C. Bunce) 선교사와 함께 관서지방 농촌간사가 되었고, 그와 같이 과학적인 농민 지도에 나섰다.

그는 저 멀리 백두산 밑 혜산진(惠山津)까지 이르러 관북지방 전역을 두루 다니면서 농민을 지도했다. 계절 따라 농민강습회와 강연회를 개최했다. 그는 곡식종자를 개량하는 방법, 씨 뿌리는 방법, 논갈이와 밭갈이 하는 방법, 토질검사, 퇴비증산, 번작, 양돈, 양봉 등 모든 부문의 지도를 했다. 사과나무도 개량종을 수입했다가 농촌에 보급했다.

그중 제일 놀라운 사실은 사과판매조합과 소비조합을 조직하는 동시에 일본에까지 가서 판로를 개척한 사실이다. 그를 통해 헐값으로 팔아야 할 사과를 일본에 수출함으로써 막대한 농가수입을 증가시켰던 것이다. YMCA 회관 안에서는 주로 강연회, 목공, 철공 등 기술교육, 무산아동야학 등에 주력했다. 도서실도 차려놓고 회원들의 지능계발에 힘썼다.

'함흥헌병대사건'과 조선민주당 활동

일제 말기 전시체제 속에서 YMCA 농촌사업이 제대로 진행될 리가 없었다. 농촌사업에 심혈을 기울였던 이순기의 YMCA 농촌활동도 결국 수포로 돌아가게 되었다. 이것은 여기에 그치지 않고 함흥 지역의 민족운동가들에 대한 일제의 대대적 탄압으로 연결되었다.

1943년 12월 25일 성탄절 신양리교회는 전국의 모든 교회처럼 크리스마스 축하예배를 드렸다. 그런데 얼마 지나지 않아 일본 헌병대가 교회에 들이닥쳤다. 그 이유는 축하예배 때에 이스라엘의 출애굽 사건을 말했다는 것이었다. 그 출애굽 사건은 곧 민족독립운동을 고취하는 불순언동이라는 것이 혐의였다.

당시 이순기는 이 교회의 장로로 시무하고 있었다. 이순기를 비롯해 김만제 목사, 이도재·유창승·이창승 장로 등이 헌병대에 의해 붙잡혀 갔다. 이후 검거 열풍이 함흥의 다른 교회들로 이어져 많은 지도자들이 체포되었다. 체포된 이들은 헌병대 취조 과정에서 지독한 고문을 당하였다. 이순기는 이때 당한 고문으로 병을 얻었고, 투옥된 지 1년 3개월 만에 보석으로 풀려날 수 있었다. '함흥 헌병대 사건'은 일제 말기 한국 교회가 당한 대표적인 수난 중 하나였다.

한편, 1945년 8월 15일, 그토록 고대하던 해방이 되었다. 그러나 한반도는 열강들에 의해 38선을 경계로 남북이 분단되었고, 남과 북에는 각각 미군과 소련군이 주둔하여 군정(軍政)이 실시되었다. 남쪽에는 종교자유를 존중하는 자유민주주의체제를 지향하는 미군정이 실시된 반면에 북쪽에는 무신론을 전제로 하는 공산주의체제를 지향하는 소군정이 실시되었다. 북쪽에 위치한 함흥 지역의 기독교인들에게는 험난한 길, 어두운 그림자가 예고되고 있었다.

해방 직후 소군정 아래 공산세력에 협조하지 않는다는 이유로 검속된 이순기는 체포되었다가 약 3개월 만에 석방되었다. 때마침 조만식이 결성한 조선민주당(朝鮮民主黨)에 참여하였다. 이 단체의 구성원은 대부분 기독교 민족주의자들, 일제 강점기에 민족운동 및 사회운동을 주도했던 인물들이었다. 이순기는 조선민주당 함남도당 부위원장 및 함흥시당 위원장이 되어 공산세력을 견제하는 등의 활약을 펼쳤다. 남한으로 탈출하라는 주변의 권유에도 불구하고, 그는 북한에 계속 남아 조선민주당 함흥시 위원장직을 수행하였다.

그러나 1948년 4월경, 공산주의자들이 함흥극장에 모여 남한에 대한 모욕과 반민족적 결의를 하는 것을 보고, 너무도 분한 마음을 참다못해 결국 그 자리에서 졸도하였다. 그런지 3일 만에 그는 숨을 거두고 말았다. 이때 그의 나이가 59세였다. 1977년 11월 30일 정부는 독립에 대한 헌신과 희생을 기려 그를 '독립유공자'로 선정하고, 대통령 표창을 수여했다.

나가는 말

청년이란 근대의 산물이다. 전근대에 없던 용어와 개념이 19세기 말 이래 한국사회에 등장하였다. 청년으로 불리는 세대가 등장하였는데, 그것은 기독교청년회가 있고 난 뒤의 일이었다. 즉 청년회가 청년세대를 자각시켰고, 역사의 무대로 불러낸 것이다. 그래서 한국근현대 역사 속에서 청년은 늘 미래를 향한 희망적 존재로 우리 교회와 사회 속에서 자신에게 주어진 시대적 과제와 그 역할을 감당하기 위해 최선을 다해 왔다.

한국근대 격동기에 그런 청년을 발견하고 평생을 바친 인물이 이순기 선생이다. 그는 청년에게 새로운 미래의 희망을 보았고, 그 희망이 꺼지지 않도록 기독교청년회 운동을 전개하였다.

이순기는 함흥YMCA가 창립될 때부터 시작하여 1943년 함흥YMCA가 일제에 의하여 완전 폐쇄될 때까지 무려 35년간 총무직에 있었다. 또 그는 1920년 동아일보가 창설된 이래 계속 동아일보 함흥지점장이었고, 예수교 장로교회의 장로였다. 이렇게 그는 세 가지 일, 즉 YMCA 총무, 신문기자, 교회 장로 중 어느 하나도 소홀히 여기지 않았다. 이 세 가지 일은 그에게 있어서 하나요 또한 셋이었다. 이런 그의 활동에는 영, 지, 체의 세 가지 YMCA 이념이 놓여 있었다.

이런 점에서 그는 어떤 인물보다 YMCA 운동을 온 몸으로 살고자 했던 실천적 인물이었음을 알 수 있다. 오늘 우리는 단순히 잊어버린 '이순기'란 한 인물을 기억해내는 데 그쳐서는 안 된다. 앞으로 수많은 애정과 열정으로 YMCA 운동을 통해 사회적 책임을 다하며 이 땅을 평화와 생명의 땅으로 키우고자 한 수많은 이순기와 같은 존재들을 찾아내고 기억해야 할 것이다.

제10장

학생YMCA 운동의 거두

김원벽

이용민 박사
(한국기독교역사학회)

김원벽 1894~1928

학생YMCA 운동의 거두
김원벽

들어가는 말

"죽는 날까지 하늘을 우러러 한점 부끄럼이 없기를, 잎새에 이는 바람에도 나는 괴로워했다"는 절규는 시인 윤동주가 1941년 11월 20일에 지은 '서시'의 첫 문장이다.[1] 굳이 친일을 들먹이지 않더라도, 이 시기 한국의 지식인들이 가장 고뇌했던 문제는 시대적 양심을 지켜내는 것이었다. 그 양심을 지켜 하늘을 우러러 한 점의 부끄럼도 없이 살아간다는 것은 자신의 생명을 지키는 것보다 힘든 일이었다. 그래서였을까. 대다수의 한국 지식인들은 치욕스러운 부끄럼 앞에 괴로워해야 했다. 물론 그 괴로움에도 시기에 따라 사람에 따라 정도의 차이가 있었을 것이다.

삼일만세운동을 주도한 민족대표 48인의 운명 역시 이러한 일제하 식민지배의 왜곡되고 굴절된 역사 속에서 잎새에 이는 바람보다 훨씬 더 거센 바람에 시달려야 했다. 당시 민족적 저항의 보루였던 그들마저도 일부는 스스로 부끄러운 역사의 길을 자신에게 주어진 길인 양 걸어가야만 했다. 그러나 여기에 피 끓는 정열로 앞장서서 대한 청년의 기개를 평생 유지하며, 묵묵히 자신의 길을 걸어 나간 한 사람이 있었다. 그는 민족대표 48인 가운데 가장 젊었던 김원벽이었다.

김원벽은 지금까지 역사 속에서 제대로 연구되지 못한 인물이었다. 따라서 김원벽을 주제로 하는 연구는 단 한 편도 찾아볼 수 없었다. 다만 그에 대한 단편의 글을 일부 살필 수 있는 정도였다.[2] 또한 학생YMCA 운동과 관련한 연구에서도 김원벽에게 할애되는 부분은 그리 많지 않았다.[3] 그리고 YMCA나 연세대학교 관련 자료에서도 김원벽에 관한 내용을 별로 찾아볼 수 없는 실정이었다. 국사편찬위원회 홈페이지 검색을 통해서도 단편적인 자료 몇 개가 검색되는 정도였다.[4] 때문에 김원벽에 대해 살펴보기 위해 몇 가지 주변의 자료를 활용하는 데 그쳤다.

이 글은 김원벽의 생애와 활동을 통해 험난한 시대의 지식인으로 자신에게 주어진 길을 시대적 양심을 지키며 부끄럼 없이 살고자 노력했던 한 청년의 모습을 지금 이 시대, 그때와는 또 다른 굴곡의 역사를 살아가고 있는 여러 젊은이들과 함께 바라보고자 한다. 특히 자신에게 주어지는 고유한 사명의 길과 소위 '성공'이나 '출세'라고 하는 개인의 목표가 서로 상충되는 부분에 대한 고민을 함께 생각해 보고자 한다. 김원벽의 삶이 그러한 성공이나 출세와는 거리가 멀었지만, 시대적 양심을 지키며 살았다는 점에서 당시 가장 부끄럼이 없는 사람 가운데 한 명이었음을 강조하면서 말이다.

청년 김원벽의 활동 무대

김원벽의 고향은 황해도였고, 아버지는 장로회 목사였다.[5] 황해도는 한국인 신자들이 스스로 설립한 한국 최초의 자생교회가 서 있는 곳이었다. 이곳 소래는 한국 개신교의 요람으로 널리 알려져 있다. 그리고 이곳은 캐나다 출신의 선교사 매켄지(William John McKenzie)의 죽음을 통해 캐나다 장로회 선교부가 한국으로 파송하는 선교사들 사이에서 성지로 여겨지는 곳이었다. 따라서 황해도는 초기 한국 기독교의 역사에서 대단히 중요한 의미를 갖는 지역이었다. 또한 황해도 지역의 기독교 세력이 왕성한 관계로 재령에는 별도의 선교지부가 설치되기도 하였다. 김원벽은 바로 이 재령에서 학창생활을 시작하였다.

황해도 기독교의 이러한 특징은, 김원벽이 그곳 출신이었다는 것으로 인해 서울의 기독교 관련 기관에서 활동하는 데 전혀 지장을 받지 않았다는 점을 뒷받침한다. 거기에 김원벽 자신이 지니고 있었던 개인적인 성품과 재능으로 그의 서울 생활은 매우 활발하게 전개되었다. 김원벽은 동대문에 있던 경신학교를 졸업하고, 서대문에 있는 연희전문학교를 다녔다. 그리고 학생의 신분으로 서울의 중앙에 위치하고 있었던 승동교회에서 교사로 활동하였다. 또한 거기서 가까운 종로에 위치한 서울YMCA의 중요 회원으로 활약하였다.

여기에서는 승동교회와 연희전문학교, 그리고 YMCA로 구분하여 청년 김원벽의 활동무대를 간략하게 살펴보고자 한다. 지금도 여전히 그 위치에 서 있는 승동교회는 새문안교회 다음으로 세워진 역사적으로 중요한 교회다. 당시 서울은 동서남북, 그리고 중앙으로 각각 구분되는 지역적 특성을 지니고 있었다. 예를 들어 서울의 북쪽에는 왕실을 비롯한 고위관료들의 주거지가 많았고, 남쪽에는 시전 상인들의 거주지가 집중되어 있었다. 또한 동쪽에는 서울의 고급관료들이 모여 살았고, 서쪽은 시장 상인들의 거주지가 있었다. 중앙 지역에는 기술직 중인인 역관과 의관 등 전문직에 종사하는 사람들이 모여 살고 있었다.[6)]

이러한 서울의 특징에 의해 가장 먼저 서울의 서쪽에 세워진 새문안 교회에는 그곳에 살던 상인들이 주축이 되었으며, 동쪽에 세워진 연동교회에는 동대문에서 종로로 이어지는 상가를 운영하는 상인들이 많았다. 나중에는 그곳에 사는 양반들이 대거 들어왔다. 남쪽에 세워진 남대문교회는 세브란스 병원과 깊은 관계가 있었다. 세브란스 병원 관계자들과 치료를 받는 과정에서 신앙을 갖게 된 사람들, 그리고 시전 상인들이 참여하는 교회였다. 북쪽에 세워진 안동교회는 처음부터 양반들을 중심으로 양반을 전도하기 위해 설립된 교회였다.[7)]

이러한 점은 서울의 중앙에 위치했던 승동교회에도 적용되었다. 승동교회는 1893년 선교사 사무엘 무어(Samuel F. Moore)에 의해 설립되었는데, 무어는 특히 신분제도에 의한 차별의 철폐에 많은 관심을 갖고 있었다. 무어는 백정해방운동에 앞장선 선교사였다. 승동교회에는 일반 상인들과 소수의 양반들이 다니고 있었다. 그런데 백정들이 이 교회에 출석하게 되면서 많은 갈등이 야기되기 시작하였다.[8)] 결국 일부 양반들이 교회를 떠났다. 그러나 승동교회는 이후 백정의 아들이 세브란스의학교를 졸업하여 한국 최초의 외과의사가 되기도 하였으며 백정이 장로로 안수를 받기도 하는 신분차별 해소의 본거지였다.

이러한 역사적 특징을 지닌 승동교회에서 김원벽은 교회학교 학생들에게 성서를 가르치며 청년회 활동에 주력하였다. 승동교회에서 김원벽에 대한 신임은 매우 두터웠기 때문에 삼일만세운동을 모의하기 위해 학생들이 모였을 때, 따로 예배당 사용을 위한 허락이 필요하지 않을 정

김원벽이 출석했던 승동교회의 현재 모습

승동교회 앞에 놓인 삼일운동 기념비는 김원벽을 비롯한 학생대표들이 삼일운동 거사를 모의하였던 곳을 기념하여 세워졌다.

도였다.[9] 현재 승동교회 앞마당에는 김원벽이 학생대표들을 모아 거사를 모의했던 일을 기념하기 위한 기념비가 서 있다. 이 기념비에는 '3·1 독립운동 거사를 위해 학생대표들이 모의하였던 곳' 이라는 문구가 새겨져 있다.

김원벽은 연희전문학교 제1회 입학생이었다. 연희전문학교는 언더우드에 의해 장로회의 경신학교 대학부와 감리회의 배재학당 대학부가 연합하여 운영하는 체제로 시작하였기 때문에 경신학교를 졸업한 김원벽은 곧바로 연희전문학교에 입학하게 되었던 것이다. 연희전문학교의 출발은 언더우드가 당시 서울에 버려진 수많은 아이들을 교육시키기 위해 고아학당을 설립하면서 시작되었다. 언더우드는 이 아이들이 장차 대학 수준의 높은 교육을 통해 나라를 이끌 인재로 거듭날 수 있다고 믿었다.[10] 그리고 그러한 언더우드의 믿음은 연희전문학교의 설립으로 결실을 맺었다.

이 과정은 결코 쉽지 않았다. 소위 '대학논쟁' 이라는 소모적이고 불필요한 논쟁이 선교부 내부에서 발생하여 서울에 대학을 설립하는 일의 전망이 불투명했다. 이미 평양에 숭실대학이 있었기 때문에 서울에 대학을 설립하는 것은 부적절하다는 의견이 지배적이었다.[11] 이러한 논쟁 과정에서 서울에 대학을 설립하는 유일한 방법은 대학 설립에 관한 모든 권한을 언더우드를 비롯한 서울의 선교사들에게 위임하여 거기에 필요한 재정과 인력을 스스로 해결하도록 하는 것이었다.[12] 이에 따라 언더우드는 경신학교와 배재학당에 각각 대학부를 설치하고 이 둘을 연합하는 방법을 쓴 것이다. 그 결과 1915년 두 학교의 대학부가 연합한 연희전문학교가 서울YMCA 회관에서 개교하였다.[13]

당시 연희전문학교는 총독부로부터 1917년에 인가를 받은 3년제 대학이었기 때문에 김원벽은 1915년에 입학하였지만 1919년에 졸업하게 되었다. 연희전문학교 재학 시절 김원벽은 영어와 중국어에 능통하였고, 수학에도 남다른 실력을 자랑하였다. 특히 웅변에 탁월한 재능을 지니고 있었다.[14] 또한 김원벽은 연희전문학교 기독학생회 회장직을 맡고 있었다. 초기에는 언더우드 집에서 기숙하면서 언더우드가 연희전문학교를 설립하고 인력이 부족한 상황에서 많은 도움을 주기도 하였다. 이러한 점을 바탕으로 김원벽은 연희전문학교에서 많은 역할을 할 수 있었고, 출옥한 이후 잠시 동안 연희전문학교 교직원 일을 맡아보기도 하였다.

당시 연희전문학교는 서울YMCA 건물을 교실로 사용하고 있으면서 새로 마련한 신촌 부지를 정돈하여 서서히 학교를 설립해 나가는 과정에 있었다. 이미 언더우드가 마련한 마스터 플랜에 의거하여 본관 등의 건물이 신축되는 중이었고 임시 교사로 치원관이라는 목조 건물을 마련하기도 하였다. 김원벽은 바로 이곳 치원관에서 삼일 독립운동을 위한 계획을 논의하였다. 치원관은 한국전쟁으로 전소되었고 지금은 그곳이 치원관 자리였다는 표지석만 놓여 있다.

이와 같이 승동교회와 연희전문학교는 청년 김원벽의 중심적인 활동무대였다. 그리고 서울YMCA 역시 김원벽의 중요한 활동무대였다. 이 서울YMCA는 1899년 배재학당을 비롯한 관립 외국어학교 등에 다니는 150명의 청년 학생들이 연명으로 설립을 청원하면서 태동하였다. 이들은 대부분 상류층의 자제들이었다. 당시 신분상의 구별이 비교적 엄격했던 서울에서 양반 지식층 청년들이 모일 공간이 필요했기 때문에 서울YMCA의 설립은 매우 중요하게 다뤄졌다. 우선 서울의 선교사들은 북미

YMCA국제위원회에 한국YMCA의 창설을 청원하였으며, 이러한 요구에 따라 1900년 라이언(D. W. Lyon)이 한국에 와서 현지조사 작업을 실시하였다. 그리고 이듬해 YMCA를 창설할 목적으로 질레트(P. L. Gillett)를 서울에 파송하였다.

질레트는 1901년 배재학당 학생들을 중심으로 기독교청년회(YMCA)를 조직하였고, 1903년 10월 28일 정동 유니온 클럽에서 황성기독교청년회를 창립하였다.[15] 이러한 기반을 마련한 YMCA 학생운동은 1907년 동경에서 개최된 세계기독학생연맹(WSCF) 세계대회에 황성YMCA 부회장 윤치호를 비롯한 김정식·김규식·김필수 등을 대표로 파송하면서 국제적 연대를 강화해 나가는 동시에 배재학당 외에 상동청년학원, 황성기독교청년학관 등에도 학생YMCA를 조직하였다.[16] 학생YMCA는 1910년대 일제의 무단통치하에서도 꾸준히 명맥을 유지한 거의 유일한 전국적 학생운동 조직이었다.

학생YMCA 운동은 점차 전국적으로 확대되어 발전해 나갔으며, 일제의 감시와 탄압 속에서도 지속적으로 활동하였다. 그리고 그 중심에는 김원벽이 있었다. 김원벽은 경신학교 학생이었을 때부터 이러한 학생YMCA 운동에 적극 참여하였다. 이후 연희전문학교에 입학한 김원벽은 1919년까지 학생YMCA 운동의 핵심적인 멤버로 크게 활약하였으며, 이러한 학생YMCA 운동을 통해 서울 장안은 물론 전국적으로 명성을 쌓아가고 있었다. 즉 김원벽은 학생YMCA 운동의 거두로 성장해 나가고 있었다. 김원벽은 학생YMCA 운동 지도력을 바탕으로 삼일만세운동과 삼오학생운동의 선봉에 서게 되면서 역사의 무대에 등장하게 되었다.

김원벽의 등장: 삼일만세운동과 삼오학생운동

삼일만세운동은 1919년 3월 1일 서울의 파고다 공원과 태화관, 그리고 전국 9개 지역에서 〈독립선언서〉를 선포하면서 시작되어, 그 뒤 1년여에 걸쳐 우리나라 안과 만주 연해주 등 해외에까지 확산된 거족적인 항일민족독립운동을 일컫는다.[17] 이 삼일만세운동을 계기로 중국 상하이에서는 대한민국 임시정부가 수립되어 항일 독립운동의 구심점이 마련되었으며, 국내에서는 한국인의 고등교육을 위한 민립대학기성회를 조직하는 것을 필두로 물산장려운동과 절제운동 등의 사회운동이 활발하게 전개되었다. 또한 삼일만세운동은 왕조의 회복이 아닌 백성이 나라의 주인이 되는 민주공화정 수립의 계기가 되어 양반 귀족 지도자 대신 평민 지도자가 대거 등장하여 민족운동을 이끌게 되었다.[18]

이러한 삼일만세운동에서 한국 기독교는 중요한 역할을 하였다. 처음부터 기독교는 삼일만세운동을 주도적으로 이끌어 왔으며, 이 운동이 전국적으로 확산되는 단계에서는 교회와 기독교계 학교를 중심으로 중심적 역할을 하였다. 한국 기독교의 삼일만세운동에서의 역할은 '운동 동력의 통로'와 '운동 이후의 수난 감수'로 집약할 수 있다.[19] 삼일만세운동은 전국적 규모의 비폭력 평화적 저항운동으로 여기에서 김원벽의 모습은 구체적으로 드러나지 않는다. 물론 삼일만세운동에서 학생들이 동원되는 배경에는 김원벽이 중요한 역할을 했지만, 김원벽은 삼일만세운동 직후 서울에서 전개된 삼오학생운동을 통해 전면에 등장하게 되었다.

3월 1일 이후 서울 시내에서 학생들의 시위활동은 크게 전개되지 못했다. 그러다가 3월 4일 오전에 한위건의 소집에 의해 각 전문학교와 중등학교 대표들이 배재고등보통학교 기숙사에 모여 이미 결정한 학생 주도의 제2차 시위를 3월 5일 오전 9시 남대문 역전 광장에서 거행하기로 결의하고 김원벽과 강기덕을 최고 지도자로 위임하였다.[20] 3월 5일은 고종의 인산으로 서울에 올라온 지방민들이 고향으로 내려가는 날이니 이 운동을 전국적으로 확산하기 위해 서울역과 남대문 사이에서 학생들만의 2차 만세운동을 벌이기로 한 것이다. 이를 통해 지방민들이 학생들의 시위를 보고 고향으로 돌아간 이후에도 계속 만세운동을 전개하게 하기 위한 목적이 깔려 있었다.[21]

3월 5일 9시경 수천 명의 중등 이상 학생들은 남대문역전에 집결하여 일대 시위운동을 강행했다. 이 시위에는 고종의 국장에 참가하고 귀가하기 위해 역으로 모인 일반 시민과 시내에서 참여하기 위해 모인 시민들이 합류하여 군중 수가 수만 명에 달했다. 학생들은 독립을 고취하는 내용의 각종 인쇄물을 나누어주며 이를 선동하는 동시에 태극기를 흔들면서 인력거 위에서 지휘하는 김원벽과 강기덕을 선두 지휘자로 하여 시가행진에 돌입했다. 시위대는 남대문 부근까지 진출, 여기에서 경찰대의 강력한 저지를 받았으나 이를 돌파하려 할 때 본정경찰서 응원대의 기습으로 지휘자인 김원벽과 강기덕을 비롯한 다수의 인원이 피검되었다.

그러나 경찰 저지선을 돌파한 일대는 남대문시장으로부터 조선은행 앞을 지나 종로 보신각으로 향하고, 남대문에서 대한문 앞, 무교동으로 진출한 일대와 보신각에서 합류하면서 그간 대대적인 시위를 감행했다. 이날 학생 주동의 시위는 이 보신각 부근에서 경찰대의 야만적 저지로 일단 해산당했다.[22] 이러한 학생들 중심의 만세운동은 3월 5일 제2차에 이어 연일로 제3차 운동으로 전개하고자 계획되어 있었는데 2차에서 김원벽을 비롯한 주동자들이 대부분 체포되었고 일제의 삼엄한 감시와 탄압으로 본래의 의도대로 전개되지는 못하였다. 그러나 3월 5일 학생 만세운동은 김원벽을 중심으로 뭉친 순수한 학생들의 열정으로 가득 찬 봉기였으며, 이 학생들의 만세운동이 기폭제가 되어 삼천리 강산으로 울려 퍼진 항일 만세운동의 직접적인 불씨가 되었다는 점은 특기되어야 한다.[23)]

이상의 두 운동에서 김원벽은 학생YMCA 운동의 실질적인 리더로서 중요한 역할을 하였다. 삼일만세운동을 위해 세력을 조직화하는 과정에서 김원벽의 결정이 매우 중요한 역할을 하였기 때문이었다. 삼일만세운동의 독자세력으로 학생들을 결집시킬 수 있었던 것은 학생YMCA 운동이었는데 그 계기는 1919년 1월 27일 중국음식점 대관원에서의 모임이었다. 이 자리에서는 독립운동에 대한 찬반 의견이 토론되었는데 당시 학생들 사이에서 가장 큰 세력을 가지고 있었던 김원벽이 신중론을 내세웠다. 따라서 대관원 모임에서는 학생들의 독립운동 참여 여부가 불투명한 상태였다.

이후 김원벽이 독립운동에 대한 결심을 확고히 굳히는 2월 6~7일경 학생들의 독립운동 계획이 구체화되었다. 김원벽은 연희전문 학생YMCA 회장 출신으로 연희전문은 물론 세브란스의전, 경신학교, 배재고보, 청년회학관 등 학생YMCA가 조직되어 있는 시내 기독교계 학교 학생들로부터 폭넓은 신망을 얻고 있었기 때문에 이러한 김원벽의 결정은 매우 중요한 사안으로 작용하였다.[24)] 이는 삼일만세운동과 삼오학생운동을 전후로 김원벽이 학생운동에서 차지하고 있는 위상을 보여주는 대목이라고 할 수 있다.

장차 연희전문학교를 졸업하면 외국으로 나가 계속 공부를 하고 싶어 했던 김원벽은 삼일운동과 삼오학생운동을 통해 민족대표의 한 사람으로 전국적인 관심을 받는 인물로 등장하였다. 이는 달리 보면 일제가 경계하는 요주의 인물이라는 점을 의미했다. 한국 사람들의 기대와 동시에 일제의 감시를 받아야 하는 주요인물, 이러한 두 가지의 입장이 복잡하게 얽혀 있는 김원벽의 인생사는 출옥 이후 그의 활동을 통해 잘 드러났다.

출옥 이후 김원벽의 활동

삼일만세운동과 삼오학생운동의 주동자로 체포된 김원벽은 3년 동안 복역하고 출소하였다.[25] 출옥한 이후 김원벽은 연희전문학교의 사무직원으로 2년간 재직하였다. 1923년 연희전문학교 제5회 졸업식이 끝난 후 동문회 결성을 위한 논의를 통해 제1회 동문회장으로 선출되었다. 1924년에는 시대일보사에 들어가서 2년 동안 일하였다. 그리고 김원벽은 잡지 〈신생활〉을 발간하는 일에 참여하기도 하였다. 그리고 대광사라고 하는 민족회사의 설립을 위해 애를 쓰기도 하였다. 이러한 부분들은 출옥 이후 김원벽이 세간의 기대를 저버리지 않기 위해 많은 노력을 여러 가지로 실행했음을 보여준다.

그러나 김원벽이 하려고 하는 일은 모두 제대로 이뤄지지 않았다. 이러한 상황을 엿볼 수 있는 신문 기사가 하나 남아 있다. 김원벽의 요절을 알리는 내용이었다. 거기에는 출옥 이후 김원벽이 신생활사와 시대일보사에서 언론활동을 하다가 실패하고 사리원에서 장사에 전념하였다고 되어 있었다.

"황해도 사리원 동리 김원벽 씨는 얼마 전부터 우연히 병마에 걸려 신음하던 중 지난 구일 오후 여섯 시경에는 그의 부인이 단지주혈한 효과도 없이 삼십오세를 일기로 한 많은 인생을 떠났는데 씨는 중학교를 마치고 연희전문학교에 입학하여 수업하던 중 기미년 삼일운동 당시 사십칠인의 한 사람으로 민족운동에 참가하여 결국 철장에서 긴 세월을 보내던 바 출옥한 후 신생활사와 전 시대일보사의 간부로 문화운동에 많은 힘을 쓰다가 그것도 운이던지 모두 실패를 당한 후 사리원에 와서 상업에 전공하는 중이었는데 씨는 소년시절부터 웅변가의 칭을 듣고 또는 재질이 풍부하였다더라."[26)]

김원벽이 우선 좌절을 하게 되었던 것은 잡지 〈신생활〉에 대한 일제의 탄압 때문이었다. 신생활사는 신천지사와 함께 연루되어 있었다. 이에 대해 당시 언론계와 법조계 유지는 다음과 같이 결의하였다. 김원벽은 이에 대해 함께 연대하여 강력하게 저항하였다.

"1. 결의문. 언론단속에 속한 신천지사와 신생활사의 필화사건에 대한 당국의 처치가 태히 가혹하므로 인함. 오배는 언론의 자유를 옹호하기 위하여 협동 노력함을 기함.

2. 참석한 유지 법조계 박승빈 최진 허헌 김찬영 변영만 언론계 렴상섭

(동명) 리재현(개벽) 최국현(조선일보) 남태희(시사평론) 김원벽(신생활) 오상은(신천지) 송진우(동아일보)" [27]

그러나 이러한 일은 일제는 물론 이미 친일에 경도되어 있는 다른 한국인들의 저지로 어려움에 봉착하게 되었다. 결국 일제에 의한 언론 탄압은 이후 다각도로 실행되어 한국인들 사이에서마저 심각한 갈등을 일으키게 하였고, 어떤 경우에는 폭행사건으로 연루되어 별개의 사안으로 확산되기도 하는 절차를 밟게 되었다. 여기에도 김원벽은 적극 가담하여 친일파와 일제 당국을 규탄하였다.

"각파유지련맹의 박춘금 일당이 동아일보의 송진우 김성수 량인을 폭행한 데 대하여 민간의 유지 40명이 유일관에 모여 민중대회를 열고 친일단체의 응징 및 총독부 당국의 태도를 규탄키로 결의한 다음 리종린 김기전 금철수 안재홍 량원모 고한 김원벽 금승묵 금량수 리대위 등 10명을 실행위원으로 선출하다." [28]

이러한 상황에서 언론계에 종사하는 일은 더욱 어려워졌다. 이를 반영하는 또 다른 일은 일제 당국에 의한 시대일보에 대한 탄압이었다.

"사고. 지난 십이월 십팔일 본사 이사 기관이 해체되는 동시에 본사의 일체 경영권을 본사사원 일동으로 조직된 사원회에서 임시 인계하여 금일까지 경영해 오는 바 이사회 해체와 동시에 이사 겸 영업국장의 자격을 상실한 민병덕은 본사의 사업진행을 저해하며 또는 김원벽, 문덕승

양인을 지방지분국에 파견하여 신문대금 및 광고료 등을 징수하여 횡령하는 일이 있음으로 부득이 본 왜원의 결의로 사유를 법정에 소하는 동시에 자에 지면으로서 각지분국에 통고하오니 만약 거 십이월 십팔일 이후에 민병덕 앞으로 금전을 송부할 일이 있거든 그 액수를 속히 본사로 통지하여주심을 바라오며 아울러 일반 애독자 제위께서도 경찰하여 주심을 앙기하는 바이외다. 1월 24일 시대일보 백"[29]

신생활에 이어 시대일보에 대한 일제의 강제적인 탄압이 가해졌다. 언론을 통한 문화운동으로의 길은 일제에 의해 김원벽으로부터 차단되었다. 그것은 삼일만세운동 이후 일제의 표면적인 정책 변화 속에서 김원벽이 가장 잘 할 수 있는 역할이었을지도 모르는 일이었다. 당시 신문이나 잡지가 얼마나 일제의 간섭에 의해 좌우되었는지 김원벽의 예를 통해 구체적으로 확인할 수 있었다.

그러나 김원벽의 도전은 다른 방면에서 다시 시도되었다. 김원벽은 일제하 식민 상황을 극복하기 위한 일환으로 조합 형식의 기업을 설립하는 일에 참여한 바 있었다. 한국인 유지들이 힘을 모아 민족을 위해 일하기 위함이었다. 일의 진행은 꽤 구체적으로 전개되었다.

"조선물산장려 및 수출과 필수 소비품의 수입 위탁 판매 금융 기타 부대사업을 경영할 목적으로 민강 방규환, 김원벽 씨 등 백여 명의 발기로 자본금 구만원으로 역명조합 대광사를 설립하고자 계획 중인데 1고 5원으로 이십만고에 분하여 조합원을 모집중이라 하매 과반 발기인과 십조주회를 열고 영업자와 감사인을 선거한 결과 영업자는 최창선, 민강 방규환, 신장희, 김원벽 씨 5인이 피선되고 삼사인은 이승훈, 박형남, 박상목, 조도환, 유충우 씨 등 5인이 피선되었고 사무소는 황금정 이정목 51번지라 하였더라.”[30)]

그러나 이 역시 계획한 대로 전개되지는 못하였다. 이러한 사정을 보면 김원벽이 하는 일은 김원벽의 죽음을 알리는 〈동아일보〉의 기사 대로 '모두 실패를 당한' 셈이었다. 실패를 한 것이 아니라 실패를 당한 것이었다. 김원벽에 대한 일제 당국의 철저한 감시로 인한 결과였다고도 할 수 있다. 김원벽은 출옥 이후에도 주기적으로 일제 경찰에 의해 조사를 받고 때로는 고문도 당해야 했다. 그러한 상황들이 학생YMCA 운동의 거두 김원벽을 철저하게 무력화시켰던 것이다. 이러한 상황 속에서도 김원벽은 기회가 되는 대로 틈틈이 강연을 하면서 자신의 소신을 천명하였다. 비록 그가 남긴 강연의 내용을 구체적으로 확인할 수 있는 자료를 지금으로서는 찾아볼 수 없지만 김원벽 강연의 제목 등은 찾아볼 수 있었다.

강연제목	장 소	출 처
생존적 요구는 종교상 가치라	안악읍예수교회	〈동아일보〉 1921년 12월 10일
인류 생존의 요구	동창포교회 강습회	〈동아일보〉 1921년 12월 16일
시대의 변천과 여자 활동	안악여자청년회 강연	〈동아일보〉 1921년 12월 19일
우리의 사명	학생계 속간기념강연회	〈동아일보〉 1922년 2월 17일

기독교의 진리와 현대교육	예수교청년회연합회 기념강연회	〈동아일보〉 1922년 4월 22일
현대와 기독교	승동면려청년회강연회	〈동아일보〉 1922년 6월 16일
월야의 하몽	중앙예배당강연회	〈동아일보〉 1922년 6월 23일
조선 청년의 급선무	인천헙법청년회 납량강연	〈동아일보〉 1922년 8월 9일
현대문명과 인류의 행복	상동예수교청년회 강연회	〈동아일보〉 1923년 4월 3일
생의 의의	종교예배당 일요강연회	〈동아일보〉 1923년 10월 7일
페스탈로치 교육사업	페스탈로치 기념강연	〈동아일보〉 1927년 2월 21일

제목만 남겨진 김원벽의 강연이지만, 이 제목만 가지고 살펴보면 김원벽이 시대의 한계 앞에서 좌절하지 않고, 젊은 기백과 희망, 그리고 생명과 평화에 대한 기독교적 꿈을 가지고 있었다는 것을 짐작할 수 있다. 여기에는 현대 문명, 인류의 행복, 생의 의의, 교육, 여성의 활동, 인류의 생존, 사명, 기독교의 진리, 조선 청년, 생존적 요구, 종교의 가치, 꿈, 요구 등의 용어들이 들어 있다. 이 용어들은 현대 사회 속에서 기독 청년들이 지켜내야 하는 생명과 평화, 그리고 그곳을 위한 꿈과 요구의 도전을 보여주고 있다.

또한 그의 모교인 연희전문학교에서는 중요한 행사가 있을 때면 동문회장이기도 했던 김원벽을 초청하여 함께 하였다. 그가 어떤 내용으로 연희전문학교 졸업생들에게 축하의 메시지를 전하였는지 정확하게 확인할 수는 없지만 위의 강연 제목에서 살필 수 있는 바와 같이 그 시대 젊은이들에게 새로운 희망과 꿈을 보여주고자 하지 않았는가 생각해 볼 수 있다.

> "작일 상오 9시 연희전문학교 강당에서 제9회 창립기념식을 거행하였는데 학생 일동의 교가와 노정일 씨의 기념연설과 학생의 음악이 있은 후 그 학교 졸업생 김원벽 씨의 축사가 있었고 다시 신 건축한 교사 앞에서 기념식수와 기념사진을 박았다."[31)]

출옥 이후의 김원벽은 사회생활을 할 수 없을 정도의 심각한 세월을 보내야 했다. 일제 당시 적극적 항일 의지와 민족의 독립 의지를 표명했던 지도자들이 대부분 그러한 삶을 살았을 것이다. 물론 일제의 의도에 따라 도움을 주기도 하였다면 훨씬 더 풍족한 삶을 누릴 수 있었을 터이다. 그러나 김원벽의 삶은 늘 투쟁적이었고 도전적이었다. 당시 기독교 지성인으로서의 양심을 지킨다는 것에는 바로 이러한 커다란 희생이 수반되었다.

나오는 말

김원벽은 출옥한 이후 〈신생활〉이라는 잡지를 통해 소위 '민족대표'로서의 기대를 저버리지 않으려고 야심 찬 각오를 다지고 있었다. 김원벽이 직접 쓴 글로는 유일하게 발견된 아주 작은 증거의 자료지만 특

김원벽이 당시 최첨단 기계로 크게 관심을 보였던 언더우드 타자기
(1920년대)

별한 의미가 있어 소개한다. 지금의 문화에서 어느 부분에 해당하는지 정확하게 비교할 수는 없지만 당시로서는 최첨단의 기구라고 할 수 있는 타자기에 김원벽은 관심이 많았던 것으로 보인다. 김원벽은 타자기의 유래와 용도에 대해 글을 쓰면서 하나의 원리로 여러 나라의 문자를 사용할 수 있는 탁월한 장점이 있음을 소개하였다.[32)]

그리고 실제로 사용되고 있는 타자기가 어떻게 처음 시작되었는지, 어떤 과정을 거쳐 발전되어 왔는지, 지금의 타자기는 어떻게 사용할 수 있는지에 대해서 간략하게 서술하였다. 그 마지막 지점에서 김원벽은 조선 사람들이 조선의 글로 된 타자기를 사용할 수 있는 가능성이 있음을 희미하게 암시하였다. 여러 가지 형태의 타자기 가운데 글자를 쓰기에 적합하고 복잡하지 않으며 가격도 저렴한 타자기는 조선 선교사업의 원조 언더우드 박사의 아버지가 만든 언더우드 타자기인데, 이것이 지금

전 세계에서 가장 널리 사용되고 있다는 것이었다.[33)]

현재 김원벽과 언더우드 타자기의 직접적인 관련성을 찾을 수는 없지만, 최초의 한글자판 타자기가 언더우드 타자기 회사를 통해 완성되었다는 점을 생각하면 연관이 없지도 않아 보인다. 이는 김원벽이 실제로 언더우드와 밀접한 관련을 지니고 있었다는 점과 언더우드의 아들이었던 원한경과 터울 없이 지낼 수 있는 나이 차이, 그리고 연세대학교와의 관련성과 YMCA에서의 역할 등을 종합적으로 판단하여 추론해 본 결과다. 그렇다고 한다면 지금까지 김원벽에 대한 평가가 삼일만세운동과 관련된 민족대표의 한 사람으로 집중되고 있는 점을 확대할 수 있다고 여겨진다. 즉 김원벽은 물론 민족대표 48인의 한 사람으로 충분히 중요한 역할을 했지만, 그보다 더 의미 있는 역할을 찾아볼 수 있다는 점이다.

지금까지 김원벽에 대한 평가는 대개 아래와 같다. 연세대 총장 백낙준은 김원벽에 대해 다음과 같이 평가하였다.

> "그리하여 개교한 지 4년이 되던 1919년에 3·1 독립운동이 일어나자 연희전문학교의 학생들은 학생운동에 주도적 구실을 하였던 것이다. 김원벽 씨가 3·1 독립운동 당시 학생 주동자의 하나가 되었고, 후에 일제의 옥중에서 말 못할 악형을 당하였고, 연희전문학교 학생의 정신과 우리 민족 청년의 기개를 떨친 것은 우리 연세대학의 영원한 전통의 하나로 남아 전하여지고 있는 줄로 안다."[34)]

또한 연희전문학교는 김원벽을 진리와 자유의 선봉에 서고 있는 모든 연세인의 뚜렷한 지주이며 정신적 목표라고 칭송하고 있었다.[35)] 김원벽은 1962년 3월 1일 대한민국 정부에 의해 건국 공로훈장 건국장을 수여했다. 1973년 10월 3일에는 김원벽의 묘를 국립묘지 충혼비 뒤쪽 애국지사 묘 127호로 이장하면서 다음과 같은 묘비문을 새겼다.

> "애국지사 김원벽의 묘 황해도 은율인, 1919년 연희전문 제1회 졸업반 재학 시 3·1운동의 학생대표로서 행동대를 총지휘하니 33인과 그 외 15인을 합친 48인의 한 분이시다. 왜정의 총칼을 무릅쓰고 독립선언식에 이어 서울역 광장 궐기 대회의 군중을 지휘타가 피체, 3년의 옥고를 치르시고 심한 총상과 옥고로 인하여 1928년 4월 9일 영면하시다."

주로 김원벽에 대한 평가가 삼일만세운동과 민족대표 48인 가운데 한 명이었다는 점에 초점이 맞춰져 있다. 그러나 타자기에 대한 그의 글을 단서로 김원벽을 다시 생각해 본다면, 김원벽은 가장 절망스러운 상황에서 가장 최첨단의 꿈을 꾸고 있었다고 할 수 있다. 당시 누구도 생각하지 못하고 있었던 조선의 글을 사용할 수 있는 타자기를 김원벽은 원하고 있었던 것이었다. 물론 아직은 추론에 불과하지만, 김원벽이 그것을 통해 조선의 문화와 역사를 되살릴 수 있는 가능성을 모색하고 있었다면 그는 출옥 이후 일제의 탄압에 의한 실패와 절망의 삶을 살았던 것이 아니라 참으로 원대한 꿈을 실현하기 위해 가슴 벅찬 설렘에 늘 새로운 도전을 그 어떤 타협도 없이 행복하게 추진했던 젊은이였다고 할 수 있다.

자신만의 비밀스러운 꿈이 있다면 그 어떤 젊은이라도 좌절하지 않을 것이다. 그러나 그 꿈은 시대와 역사 앞에서 나름대로 떳떳한 꿈이어야 한다. 죽는 날까지 하늘을 우러러 한 점 부끄럼 없는 그런 꿈이 있다면 결코 잎새에 이는 작은 바람에도 괴로워하지 않을 것이다. 점점 이러한 우리들의 소중한 꿈이 왜곡되고 있다. 그러나 이 새로운 시대에도 각자의 인생을 통해 주어진 사명과 그것에 따른 특별하고 고유한 자신만의 꿈이 분명히 있을 터다. 그것은 반드시 등경 위에 놓인 등불처럼 자신으로부터 환하게 비춰 퍼질 것이다.

주

경무관 출신 평신도 전도자 김정식

1) 김교신(金敎臣), "성조통신(聖祖通信)",〈성서조선(聖書朝鮮)〉 97호, 1937.2, p.22.
2) 김교신(金敎臣), "고 김정식 선생(故 金貞植 先生)",〈성서조선(聖書朝鮮)〉 100호, 1937.5, p.2.
3) "관보초록(官報抄錄)",〈황성신문(皇城新聞)〉 55호, 1898. 11. 9.
4) 유성준(兪星濬), "밋음의 동기(動機)와 유래(由來)",〈기독신보(基督申報)〉, 1928. 7. 4, p.5.
5) 김정식(金貞植), "신앙의 동기(信仰의 動機)",〈성서조선(聖書朝鮮)〉 100호, 1937. 5, p.5.
6) 김정식(金貞植), "신앙의 동기(信仰의 動機)", p.5.
7) 김정식(金貞植), "신앙의 동기(信仰의 動機)", p.5.
8) 김정식(金貞植), "신앙의 동기(信仰의 動機)", p.5~6
9) 김정식(金貞植), "신앙의 동기(信仰의 動機)", p.6.
10) 김정식(金貞植), "신앙의 동기(信仰의 動機)", p.6.
11) 전택부,《토박이 신앙산맥》, 대한기독교출판사, 1977, p.114.
12) 김정식(金貞植), "신앙의 동기(信仰의 動機)", p.6.
13) 김정식(金貞植), "신앙의 동기(信仰의 動機)", p.6~7.
14) 김교신(金敎臣), "고(故) 김정식(金貞植) 선생(先生)",〈성서조선(聖書朝鮮)〉 100호, 1937. 5, p.21.

풀뿌리 민족운동의 개척자 고당 조만식

1) 함석헌,《죽을 때까지 이 걸음으로》, 한길사, 2009, p.221.
2) 李昇薰, "追慕와 感激—西北人의 宿怨新慟",〈新民〉 14, 1926. 6.
3)「조선물산장려회 취지서」,〈동아일보〉, 1920년 8월 23일자.

학생YMCA 운동의 거두 김원벽

1) 윤동주, "서시,"《하늘과 바람과 별과 시》(서울: 연세대학교 출판부, 2004), p.2.
2) 김원벽에 대한 글은〈연세춘추〉기자를 역임한 한은경의 "기미 독립운동의 선봉장 김원벽(1894~1928),"《진리와 자유의 기수들: 연세의 개척 15인》(서울: 연세대학교 출판부, 1982), pp.104~118을 대표적으로 들 수 있다.

3) 학생YMCA 운동과 관련된 대표적인 연구 논문으로는 장규식, "YMCA 학생운동과 3·1운동의 초기 조직화,"〈한국근현대사연구〉 제20집(2002. 3), PP.108~140; 장규식, "1920~30년대 YMCA 학생운동의 전개와 일상활동,"〈한국기독교와 역사〉 제27호(2007. 9), pp.71~105.

4) 그 가운데 김원벽이 직접 쓴 글은 단 하나였다. 김원벽, "타자기 '타입우라잇터-'의 유래와 용도,"〈신생활〉 제6호(1922. 6), pp.78~79.

5) 김원벽은 황해도 안악군 교동교회 목사 김태석의 아들이었다. 김태석 목사는 천주교 신자였던 어머니의 영향을 받아 일찍부터 개화사상을 수용하였고 기독교를 받아들였다. 그는 황해도 지역의 대표적인 기독교 인사였고, 선교사 언더우드와 교분이 두터웠다. 한은경, "기미 독립운동의 선봉장 김원벽(1894~1928)," p.108.

6) 강명관, "조선 후기 서울 성안의 신분별 거주지,"〈역사비평〉 통권35호(1996. 5), p.330.

7) *Korea Seoul Station April 1, 1922 to March 31, 1923*, pp.6~11.

8) *Report of S. F. Moore for 1895*.

9) 김원벽 신문조서 제1회.

10) '서울 도성 중앙에 큰 학교를 세우는 것이 바로 이곳 장로교 선교사들의 소망입니다.' "언더우드가 웰즈 박사에게 보낸 편지, 1887년 4월 8일,"《언더우드 자료집 I》(서울: 연세대학교 출판부, 2005), p.62.

11) 대학 논쟁에 관해서는 안종철, "아더 베커(Arthur L. Becker)의 교육선교활동과 '연합기독교대학' 설립,"〈한국기독교와 역사〉 제34호(2011. 3), pp.249~275 참조.

12) "언더우드가 헬지 박사에게 보낸 편지, 1914년 4월 23일,"《언더우드 자료집 V》(서울: 연세대학교 출판부, 2010), p.59.

13) 연세창립 80주년 기념사업 위원회,《연세대학교사》(서울: 연세대학교 출판부, 1969), p.277.

14) '김원벽은 키가 후리후리하게 큰데다 허스키 보이스였으며 타고난 웅변가였다. 한번 연단에 서서 정열을 쏟아 웅변을 토할 때는 모든 학생들이 귀를 기울이고 감탄사를 연발케 하는 웅변가였다.' "정석해의 회고담," 한은경, "기미 독립운동의 선봉장 김원벽(1894~1928)," p.110에서 재인용.

15) 장규식, "YMCA 학생운동과 3·1운동의 초기 조직화," p.112.

16) 장규식, "YMCA 학생운동과 3·1운동의 초기 조직화," p.114.

17) 이만열, "3·1운동과 기독교,"〈한국기독교와 역사〉 제7호(1997, 8), 8; 또한 삼일운동과 기독교의 관계에 대한 전반적인 사항에 대해서는 한국기독교역사학회 편,《한국기독교의 역사 II (개정판)》(서울: 기독교문사, 2012), pp.27~51을 참조.

18) 이만열, "3·1운동과 기독교," pp.8~9.

19) 서정민,《한국교회의 역사》(서울: 살림, 2003), p.24.

20) 김대상, "3·1운동과 학생층,"《3·1운동 50주년 기념논집》(서울: 동아일보사, 1969), p.306. 이러한 학생 중심의 만세운동은 이미 2월 하순에 학생대표들 사이에서 합의를 본 결과였는데 3월 1일의 만세운동이 어떻게 진행될지 미리 알 수 없었기 때문에 학생들 사이에서는 3월 5일을 택한 것이었다. 김원벽 신문조서 참조.

21) 한은경, "기미 독립운동의 선봉장 김원벽(1894~1928)," p.113.

22) 김대상, "3·1운동과 학생층," p.306.

23) 한은경, "기미 독립운동의 선봉장 김원벽(1894~1928)," p.106.

24) 장규식, "YMCA 학생운동과 3·1운동의 초기 조직화," p.128.

25) "독립선언의 19인 만기 출옥. 재작년 3월 1일에 조선독립을 선언하고, 또 그 운동에 관계하야 이래 3년간 철창의 생활을 하든 리종훈, 홍병기, 박희도, 홍기조, 라인협, 류여대, 신석구, 박준승, 라룡환, 림례환, 권병덕, 금완규, 최성모, 김원벽, 리필주, 박동완, 신홍식, 리명룡, 량전백 제씨는 만기로 4일에 출옥하다." 〈개벽〉 제19호(1922. 1).

26) "김원벽 씨 장서, 그 부인은 단지까지 해," 〈동아일보〉, 1928년 4월 12일.

27) 〈동아일보〉, 1922년 11월 29일. 이에 대한 자세한 내용은 다음과 같다. 當局의 言論壓迫과 民衆의 輿論激昂, (言論의 擁護를 協同決議한 法曹界와 言論界) 京城地方檢査局에서는 11월 21일 朝에 월간잡지 〈新天地〉의 主幹 白大鎭氏 同印刷人 張在洽氏를 引致 取調한 후 곳 拘引狀을 發하야 西大門監獄으로 압송하고 越 20일에는 又 復 週刊雜誌 新生活의 編輯兼 發行人 朴熙道氏와 同印刷人 魯基禎氏를 引致取調한 후 역시 拘引狀을 發하야 西大門監獄으로 압송하고 후 25일에는 更히 新生活社의 기자되는 金明植, 兪鎭熙, 辛日鎔의 3氏를 引致 囚監하는 이외에 관계자의 가택을 수색하며 인쇄기계를 差押하야 朝鮮의 언론계에는 暴風烈雨가 일시에 來迫하는 감이 有하엿다. 如許한 살풍경의 소식이 한번 京鄕의 天地에 전하매 일반의 여론은 爲하야 激昂하며 爲하야 분노하야 그 저지할 바를 不知하는 중 우리의 언론계와 법조계의 有志는 별로 이에 대한 구체적 대책을 講究하는 동시에 進하야 일반 언론의 옹호를 행하고저 數次로 聯合討議한 結果 去 27일 夜에는 遂히 如下한 결의를 행하고 언론의 자유를 위하야 법조계와 언론계가 협동 노력할 事를 聲明하엿다. 決議文 言論取締에 속한 新天地社와 및 新生活社의 筆禍事件에 대한 당국의 처치는 太히 가혹함으로 認하며 吾輩는 언론의 자유를 옹호하기 위하야 협동노력함을 期함. 右의 결의를 행할 당시의 참석인원은 법조계측으로 崔鎭, 朴勝彬, 許憲, 金瓚泳, 卞榮晩 언론계측으로, 東明社의 廉尙燮, 新生活社의 金元璧, 新天地社의 吳尙殷, 時事評論社의 南泰熙, 朝鮮日報社의 崔國鉉, 東亞日報社의 宋鎭禹, 開闢社의 李在賢. 〈개벽〉 제30호(1922. 12), p.90.

28) 〈동아일보〉, 1924년 4월 11일.

29) "사고," 〈시대일보〉, 1925년 1월 24일.

30) "대광사의 발기," 〈신한민보〉, 1923년 6월 7일.

31) "연전 9년 기념 작일 상오 9시 동교 강당에서," 〈시대일보〉, 1924년 4월 26일.

32) 김원벽, "타자기 '타입우라잇터-'의 유래와 용도," 〈신생활〉 제6호(1922. 6), p.78.

33) 김원벽, "타자기 '타입우라잇터-'의 유래와 용도," p.79.

34) 백낙준, "연세대 초창기의 학생들," 〈연세동문회보〉 제117호(1972, 4); 《백낙준전집 3 연세 교육의 이상》(서울: 연세대학교 출판부, 1995), p.120.

35) 한은경, "기미 독립운동의 선봉장 김원벽(1894~1928)," p.118.

글쓴이 프로필

이상재 편 : 윤경로 명예교수(한성대학교 역사문화학부)
- 학력: 고려대학교 사학과, 동 대학원 졸업(문학박사)
- 경력: 현 서울YMCA 시민논단위원회 위원장, 전 한성대 총장, 전 한국기독교역사연구소 소장
- 저서: 《105인사건과 신민회 연구》, 《한국 근대사의 기독교사적 이해》, 《새문안교회 100년사》, 《105인사건 공판 참관기》, 《한국 근현대사의 성찰과 고백》 등

김정식 편 : 이덕주 교수(감리교신학대학교 역사신학과)
- 학력: 서울 감리교신학대학교, 동대학원 졸업(신학박사)
- 경력: 현 한국기독교역사연구소 소장, 현 서울YMCA 시민논단위원회 위원, 현 감리교 한반도평화통일신학연구소 소장
- 저서: 《초기 한국 기독교사 연구》, 《한국 토착교회 형성사 연구》 등

이만집 편 : 정경호 교수(영남신학대학교 기독교윤리학과)
- 학력: 장로회신학대학교 졸업, Union Theological Seminary in New York(신학박사)
- 경력: 세계개혁교회연맹(WARC) 실행위원, 평화통일대구시민연대 공동대표
- 저서: 《대구 3·1 만세운동을 주도한 민족지도자 이만집 목사의 자주적 민족신앙 연구》

이대위 편 : 채현석 박사(전 건국대학교 박물관장)
- 학력: 건국대학교 사학과, 세종대학교 대학원 역사학과(문학박사)
- 경력: 현 한국기독교역사연구소 회원, 전 건국대학교 박물관장, 전 한국박물관협회 이사
- 저서: 《이대위의 생애와 활동》, 《일제하 한국기독교와 사회주의》, 《동신교회 30년사》, 《의정부제일교회 50년사》, 《한국기독교역사 2》(공저)

최흥종 편 : 한규무 교수(광주대학교 관광학과)
- 학력: 서강대학교 사학과, 동 대학원 졸업(문학박사)
- 경력: 현 한국기독교역사연구소 운영위원, 전 서강대 강사

• 저서:《일제하 한국기독교 농촌운동: 1925-1937》,《일제말기 호남지방 기독교회의 친일조직과 그 성격》 등

조만식 편 : 장규식 교수(중앙대학교 역사학과)
• 학력: 연세대학교 문과대학 사학과, 동대학원 졸업(문학박사)
• 경력: 연세대학교 국학연구원 연구교수, 미국 코넬대학교 동아시아연구소 객원연구원, 본회 시민논단위원회 위원
• 저서:《해방후 국가건설운동과 지역사회 동향》,《1920~30년 YMCA 농촌사업 전개와 그 성격》,《서울, 공으로 본 역사》 등

신흥우 편 : 조이제 목사(샘솟는교회)
• 학력: 감리교신학대학교 졸업
• 경력: 한국기독교교회협의회 간사, 대한기독교서회 근무(〈기독교사상〉 편집), 정치·경제 정보지 〈한걸음〉 발행인, 〈고난 함께〉 편집주간, 도봉사랑시민모임 대표, 도봉시민회 대표, 기독교대한감리회 본부 역사위원회 위원, 현 한국기독교역사학회 이사
• 저서:《한국감리교청년회 100년사》,《한국교회 인권운동 30년사》,《공덕교회 100년사》,《청파교회 100년사》,《한국그리스도인들의 신앙고백》(공저) 등

유영모 편 : 이정배 교수(감리교신학대학교 종교철학과)
• 학력: 감리교신학대학교(신학석사), 스위스 Basel대학 신학부(Dr. Theol.) 조직신학 전공
• 경력: 현 서울YMCA 환경위원회 위원장, 감신대 대학원장, 기독교수협의회 회장
• 저서:《생태영성과 기독교의 재주체화》,《없이계신 하나님, 덜없는 인간》

이순기 편 : 김권정 박사(대한민국역사박물관)
• 학력: 숭실대학교 사학과, 동 대학원 졸업(문학박사)
• 경력: 숭실대 강사, 경희대 겸임교수
• 저서:《1920·30년대 한국기독교인의 민족운동 연구》 등

김원벽 편 : 이용민 박사(한국기독교역사학회)
• 학력: 연세대학교 대학원 졸업(신학박사)
• 경력: 한국기독교역사학회 총무이사
• 저서:《미국 북장로회 서울 선교지부 연구, 1884~1919》

인물총서6

YMCA 인물 콘서트 – Y와 사회를 일군 사람들

엮은이_ 서울YMCA
펴낸이_ 이덕주
펴낸곳_ 한국기독교역사연구소

펴낸날_ 2014년 2월 8일(초판1쇄)

만든곳_ 밀알기획(02-335-6579)

ISBN 978-89-85628-76-1 93230

값 10,000원

※ 이 책의 판매 수익금의 일부는 필진의 기부로 서울YMCA와 (사)한국기독교역사연구소 공동주최 시민 강좌 프로그램 비용으로 사용됩니다.